JN339597

미생물이 미끌미끌

MICROSCOPIC MONSTERS
by Nick Arnold, illustrated by Tony De Saulles

앗, 이렇게 재미있는 과학이!

난 침대에 살아.
난 속눈썹을 기어 다녀!

미생물이 미끌미끌

닉 아놀드 글 | 토니 드 솔스 그림 | 이충호 옮김

주니어김영사

미생물이 미끌미끌

1판 1쇄 인쇄 | 2007. 12. 20.
개정 1판 1쇄 발행 | 2019. 12. 5.
개정 1판 3쇄 발행 | 2023. 2. 27.

닉 아놀드 글 | 토니 드 솔스 그림 | 이충호 옮김

발행처 김영사 | 발행인 고세규
등록번호 제 406-2003-036호 | 등록일자 1979. 5. 17.
주소 경기도 파주시 문발로 197(우10881)
전화 마케팅부 031-955-3100 | 편집부 031-955-3113~20 | 팩스 031-955-3111

값은 표지에 있습니다.
ISBN 978-89-349-9843-3 74080
ISBN 978-89-349-9797-9 (세트)

좋은 독자가 좋은 책을 만듭니다. 김영사는 독자 여러분의 의견에 항상 귀 기울이고 있습니다.
전자우편 book@gimmyoung.com | 홈페이지 www.gimmyoungjr.com

이 도서의 국립중앙도서관 출판시도서목록(CIP)은 서지정보유통지원시스템 홈페이지(http://seoji.nl.go.kr)와 국가자료공동목록시스템(http://www.nl.go.kr/kolisnet)에서 이용하실 수 있습니다. (CIP제어번호 : CIP2019031333)

차례

선생님의 머릿니와 벼룩을 보고 싶지 않니?

닉 아놀드는 어린 시절부터 이야기와 책을 쓰기 시작했지만, 미생물에 관한 책을 써서 유명해지리라고는 꿈에도 생각지 않았다. 이 책을 쓰기 위해 아놀드는 벼룩과 인터뷰를 하고, 세균과 친구가 되기까지 했다. 그렇지만 그는 그 모든 것을 즐겼다고 한다.

〈앗, 이렇게 재미있는 과학이!〉 시리즈에 관한 일을 하지 않을 때에는 피자를 먹거나 자전거를 타거나 썰렁한 농담을 생각한다고 한다(음, 물론 이 모든 것을 동시에 하는 것은 아니다).

토니 드 솔스는 기저귀를 차고 다닐 때부터 크레용을 집어 들고 놀았으며, 그 후로 계속 낙서와 그림을 그려 왔다. 그는 〈앗, 이렇게 재미있는 과학이!〉 시리즈에 홀딱 빠져, 변기에 사는 세균을 확대해 그리는 것도 마다하지 않았다. 다행히도 지금 그는 위험한 고비를 넘기고 건강을 완전히 회복했다. 스케치북을 들고 밖으로 나가지 않을 때면 시를 쓰거나 스쿼시 게임을 즐긴다. 그렇지만 아직까지 스쿼시에 관한 시는 한 편도 쓴 적이 없다고 한다.

책머리에

다음 중 가장 작은 것은 무엇일까?

a) 호주머니에 든 동전

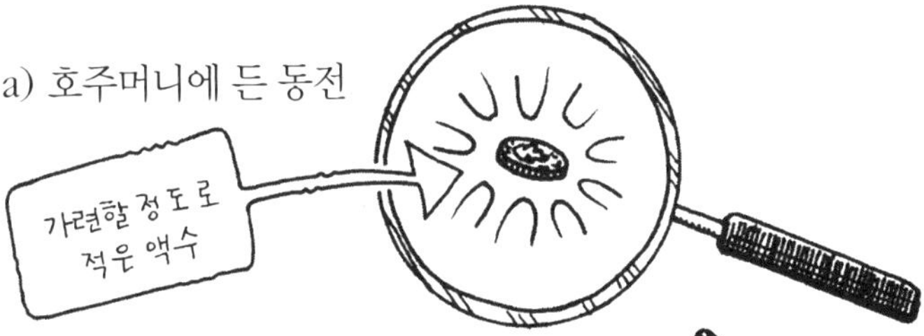
가련할 정도로
적은 액수

b) 선생님의 뇌

불쌍할 정도로
작은 뇌

c) 진드기(거미를 축소시켜 놓은 것처럼 생긴 벌레)

작지만 흉측하게
생겼음.

대부분의 독자는 정답을 제대로 골랐으리라 생각한다. 진드기는 몸길이가 겨우 0.2mm에 불과하고, 우리 눈으로 볼 수 있는 아주 작은 물체 중 하나이다. 그보다 더 작은 것은 우리 눈으로 보기가 매우 어려운데, 우리 눈의 수정체가 그렇게 작은 것에는 초점을 맞출 수 없기 때문이다. 그런데 뒤집어 생각해 보면, 우리 눈에 보이는 물체에는 보이지 않는 미세한 특징이 많이 숨어 있다는 이야기가 되지 않는가? 보이지 않는 이 작은 세계는 아주 놀랍고도 아름다울 수 있다(작은 것이 아름답다는 말도 있지 않은가?).

반면에, 그것은 아주 끔찍한 세계일 수도 있다!

무시무시한 경고!

이 책을 읽을 수 있는 나이는 18세로 제한돼 있다. 좀 더 자세히 말하면, 18세 이상인 사람이 읽기에는 적절치 않다는 이야기다. 어른이 보기에는 너무 끔찍하고 소름끼치는 내용이 많이 나오기 때문이다. 만약 어른이 이 책을 본다면, 눈에서 눈알이 튀어나올지도 모른다!

앞에서 말했듯이 우리 눈에는 아주 작은 물체가 보이지 않는다 하더라도, 마음의 눈으로 그것을 상상해 볼 수는 있다. 여러분은 이 책을 읽다가 상상력을 지나치게 발휘한 나머지 귀에서 증기가 뿜어져 나올지도 모른다. 여러분은 완전히 새로운 세계, 곧 끔찍하게 작은 세계를 상상해야 한다. 곧 알게 되겠지만, 그 세계는 폭력과 죽음으로 얼룩진 세계다.

그렇다. 그것은 아주 작은 괴물과 무서운 사건이 들끓는 세계로, 소설에서 지어낸 괴물도 이에 비하면 귀엽고 사랑스러워 보일 정도다. 행여나 오해할까 봐 이야기하는데, 이 책에 등장하는 아주 작은 괴물들은 여러분과 마찬가지로 현실 세계에 존재한다! 지금 바로 이 순간에도 그것들은 여러분의 피부 위를 걸어 다니고, 침대 속에 숨어 있고, 여러분의 샌드위치를 먹어 치우고, 변기에서 물을 철벅거리고 있다. 자, 그러면 끔찍하고 무서우면서도 흥미진진한 사실들이 마구 쏟아져 나올 테니 마음의 준비를 단단히 하라! 예를 들면…….

● 여러분이 풀밭 위를 걸어가면, 수백만 마리의 동물이 죽는다!

우지끈!
으악!
꽥!
살려 줘!

● 여러분의 이 사이에도 징그러운 동물들이 들끓고 있다.

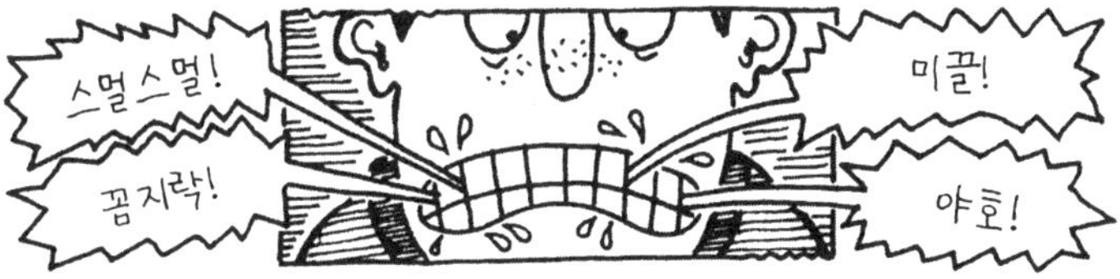

스멀스멀!
꼼지락!
미끌!
야호!

● 세균은 시체를 폭발시킬 수도 있다.

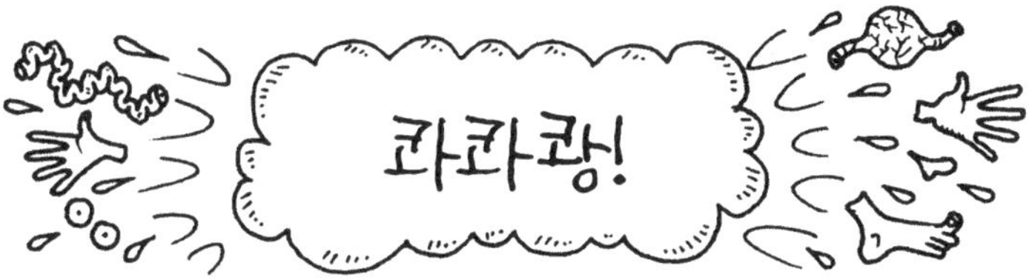

콰콰쾅!

● 그리고 무엇보다도, 변기 물을 내리다가 똥물을 뒤집어쓸 수도 있다!

세상에! 이런 황당한
변이 다 있나!

추가 경고!

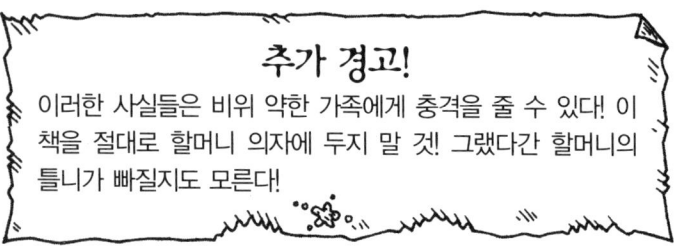

이러한 사실들은 비위 약한 가족에게 충격을 줄 수 있다! 이 책을 절대로 할머니 의자에 두지 말 것! 그랬다간 할머니의 틀니가 빠질지도 모른다!

그러나 여러분은 이 책을 당장 읽는 게 좋을 것이다. 그렇지 않으면 누군가 이 책을 훔쳐 갈지도 모른다.

와우!
앗! 이렇게 재미 있는 과학이!
크르르!

마법의 현미경

좋아!

여러분은 이 책이 단순한 책이 아니라는 사실에 놀랄 것이다. 이 책은 현미경이기도 하다!

마법의 현미경

여러분은 지금 현미경을 들고 있다. 우리의 눈에 보이지 않는 아주 작은 물체를 들여다볼 수 있는 놀라운 도구 말이다. 현미경은 실제 크기보다 수백 배나 확대된 모습을 보여 준다.

정말
그렇군!

뭐라고? 이 책이 도대체 어디가 현미경처럼 보이느냐고? 거짓말 아닌데……. 아래의 원에다 눈을 가까이 대고 자세히 들여다보라. 좀 더 가까이…….

•

잘 집중해서 보라. 뭔가 보이는가?

아뇨!

그렇다면 아래의 그림을 보라. 아마 큰 충격을 받을 것이다. 이 책, 음 그러니까 이 현미경은 앞의 원을 100배 확대한 모습을 보여 주고 있다.

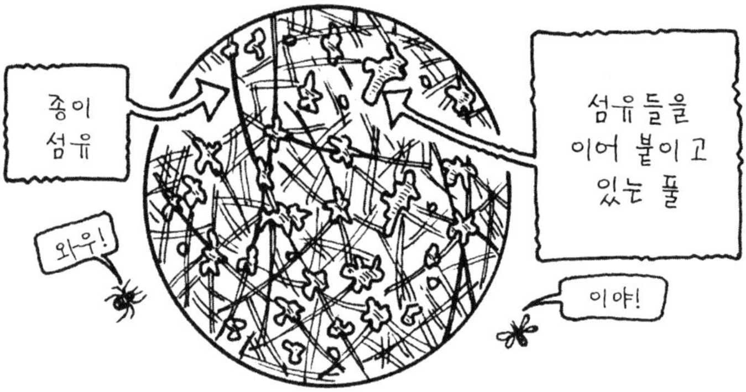
종이
섬유
섬유들을
이어 붙이고
있는 풀
와우!
이야!

종이를 나무 섬유로 만든다는 사실은 알고 있겠지? 자, 그러면 여러분의 상식이 어느 정도인지 간단한 테스트를 해 보자.

아주 작은 것에 관한 깜짝 퀴즈

다음 퀴즈들은 아주 쉬워서 심지어 답까지 가르쳐 준다. 문제는 답을 그대로 가르쳐 주는 게 아니라, 철자를 뒤섞어 놓았다는 것!

1. 자전거를 탈 때마다 타이어에서 이것이 아주 조금 녹아서 길에 그 흔적이 남게 된다. 이것은 무엇일까? ㅗㅜㅁㄱ.

2. 버섯이나 곰팡이 같은 균류(菌類)는 포자라고 하는 아주 작은 씨를 만든다. 그런데 포자는 햇빛을 받으면 여러분이 이것을 했을 때처럼 검게 변한다. 이것은 무엇일까? ㅣㅏㅗㅛㅇㄹㄱㅇㅇㄱ.

3. 외출을 하면 머리카락과 옷과 콧물에 머리카락 굵기의 절반도 안 되는 작은 암석이 수만 개 들러붙게 되는데, 이 작은 암석을 뭐라고 부를까? ㅏㅐㅗㄴㅈㅁㄹ.

4. 모든 빗방울의 중심에는 아주 작은 먼지가 자리 잡고 있다. 그런데 그 먼지 중 일부는 여기서 지구로 떨어진다는데, 여기는 어디일까? ㅜㅜㅈㅇ ㅏㅗㄱㅇㄱㄴ.

5. 거미줄을 현미경으로 보면 아주 작은 덩어리로 된 이것들이 붙어 있는 걸 볼 수 있다. 이것들은 무엇일까? ㅓㅏㅔㅈㅂㅊㄱㅈ.

6. 평생 동안 머리를 감을 때마다 머리카락에서 떨어져 나오는 먼지와 피부 조각을 다 모으면, 그 무게가 이것만큼 나간다고 한다. 이것은 무엇일까? ㅗㅔㅜㅁㅁㅁㄱ.

7. 1848년, 과학자 존 케켓은 교회 문에 박혀 있던 가죽 조각을 현미경으로 들여다보았다. 그는 그것이 이것이라는 걸 알고는 깜짝 놀랐다. 이것은 과연 무엇이었을까? ㅏㅏㅁㅅㄹ ㅣㅜㅍㅂ.

ㅏㅏㅁㅅㄹㅣㅜㅍㅂ!
우욱! 먹은 게 다 나오네!

답 : 1. 고무. 자전거 타이어가 도로에 닿을 때, 표면에서 0.025mm 정도가 녹는다. 그러니까 여러분의 자전거는 실제로는 땅 위에서 살짝 미끄러지는 셈! 바퀴가 돌아감에 따라 녹았던 타이어는 금방 식지만, 그래도 녹은 고무 중 일부가 도로에 들러붙은 채 남게 된다. 이렇게 타이어는 굴러가면서 고무가 녹아 떨어져 나가기 때문에 닳게 된다.
2. 정답은 일광욕! 균류의 포자가 햇빛을 받을 때 검은색으로 변하는 물질은 멜라닌이라는 색소다. 이것은 여러분의 살갗이 햇볕에 새카맣게 탈 때 검게 변하는 바로 그 물질이다.
3. 정답은 잔모래. 이것은 지름이 겨우 0.03mm 정도인 아주 작은 모래로, 바람에 날려 다닌다. 잔모래 중에는 지구 반대편에 있는 사막이나 화산에서 날아온 것도 있다. 여러분이 먹는 아이스크림에도 모래가 많이 섞여 있을 수 있다!
4. 우주 공간. 지름 0.002mm 정도 되는 먼지가 매일 우주 공간에서 지구로 수백만 개나 떨어지고 있다. 이 먼지 주위에 빗방울이 뭉쳐 여러분의 목덜미로 떨어질 때마다 여러분은 47억 년 전에 생긴 외계 암석과 접촉하는 셈이다! 47억 년이라면 아빠가 좋아하는 음악이 유행하던 시절보다 훨씬 옛날이니, 정말로 오래된 암석이다!
5. 정답은 접착제. 거미줄에는 끈끈한 접착 물질이 묻어 있어서 곤충이 거미줄에 닿으면 들러붙어 도망가기 어렵다. 그런데 거미줄이 세상에서 가장 강한 물질 중 하나라는 사실을 알고 있는가? 또 오렌지 무게 정도밖에 안 나가는 거미줄에서 뽑은 실로 지구를 한 바퀴 빙 두를 수 있다는 사실은?
6. 정답은 몸무게다. 1년 동안 여러분 머리카락에서 떨어져 나가는 먼지와 피부 조각을 다 모으면 약 3kg이나 되는데, 물통 하나를 가득 채울 수 있는 양이다!
7. 정답은 사람 피부! 그것은 900년 전에 죽은 어느 바이킹의 몸에서 잘라 낸 피부였다. 살가죽이 잘려 나갈 때 그 바이킹은 얼마나 아팠을까?

자, 여러분이 얻은 점수는 얼마인가? 아주 쉽게 풀 수 있었다면, 여러분은 정말로 아주 작은 세계를 들여다볼 자격이 있다.

선생님 골려 주기

현미경을 발명한 사람이
누구예요?

답 : 정확한 답은 '모른다'이다. 왜냐하면, 실제로 누가 현미경을 처음 발명했는지 확실하지 않기 때문이다. 그러나 선생님은 모른다고 말하는 걸 무지 싫어한다. 한편, 역사학자들은 불확실한 것도 추측해 그럴듯한 이야기를 만들어 내는 데에는 도사들이다.

네덜란드의 안경 제작자인
한스 리페르스헤이가
1590년에 발명했어.
터무니없는 소리!
한스 얀센이란 안경 제작자가
만든 거야.
둘 다 틀렸어. 그 아들인
자하리아스 얀센이 만들었어!

진실은 이렇다. 세 사람 다 자기가 현미경을 발명했다고 주장했다. 음, 내가 보기엔 세 사람 모두 실제로 현미경을 만들 능력이 충분히 있었다. 렌즈(물체를 크게 보이도록 유리를 갈아 두께를 변형시킨 것) 두 개를 잘 결합하기만 하면, 렌즈 한 개로 볼 때보다 물체의 모습이 훨씬 크게 보인다. 그리고 물체에 초점을 맞추기 위해 렌즈 두 개를 들고 있다가 팔이 저리면, 경통의 양 끝에 렌즈를 고정시키면 되겠구나 하는 생각은 누구나 떠올릴 수 있다. 그러면 얍! 하고 마술처럼 현미경이 나타난다!

그렇다면 렌즈는 누가 발명했을까? 이것 역시 누가 맨 먼저 발명했는지 알 수 없다. 그래서 우리는 몇몇 전문가를 불러 그 수수께끼를 풀어 달라고 부탁했다.

1. 고고학자들은 크레타 섬의 동굴에서 수정을 하나 발견했는데, 거기에는 4500년 전에 정교하게 깎은 흔적이 남아 있었다.

이것은 렌즈 모양이고,
게다가 이것을 통해 보면 사물의
모습이 크게 보여.

2. 1850년, 고고학자들은 오늘날의 이라크 지역에서 역시 렌즈 모양의 수정을 발견했다. 그것은 기원전 800년경에 아시리아인이 깎은 것이었다.

이게 질이
훨씬 나아!
아주
투명하다고!
그렇지만 이게 더 오래되었어!

3. 따분한 역사학자들은 이 수정들이 실제로 렌즈로 사용되었다는 구체적인 증거는 없다고 지적한다. 그렇지만 근시였던 로마 철학자 세네카(B.C. 4~A.D. 65)는 도서관에서 두루마리 문서를 읽을 때 물이 담긴 유리 그릇을 렌즈처럼 사용했다는 기록을 남겼다. 그렇다면 세네카가 렌즈를 발명했단 말인가?

이거야말로
명백한
사실이지!
우린 믿을 수
없어!

멋진 렌즈

어쨌든 누군가 렌즈를 발명했는데, 1300년경에 이탈리아에 살던 어떤 사람(맞다! 여러분 추측대로 그 사람이 누군지는 아무도 모른다)이 유리를 갈아 렌즈를 만드는 방법을 발견한 것 같다. 문제는 정확한 모양을 만드는 데 있다. 그 방법을 알고 싶은가? 직접 렌즈를 만들어 보는 건 어때? 한번 도전해 보라. 아주 쉬우니까!

직접 해 보는 실험 : 렌즈를 직접 만들어 보자!

옛날에는 유리를 원하는 모양에 맞게 조심스럽게 자른 다음, 사포로 열심히 갈아 정확한 곡면을 만들어 냈다. 그러고는 긁힌 자국이나 흠을 없애기 위해 매끄럽게 다듬어야 했다(대개는 더 고운 모래가 박힌 사포로 렌즈를 갈아 다듬었다). 이렇게 렌즈 하나를 갈아 만드는 데에는 며칠이 걸렸다.

싹싹!
싹싹!
싹싹!
싹싹!
재미있니?
너 같으면 재미 있겠니?

그렇지만 여러분을 위해 훨씬 쉬운 방법을 가르쳐 주겠다.

준비물 :

이렇게 생긴 병과……

(다 쓴 구강 청정제 병이면 아주 좋다.)

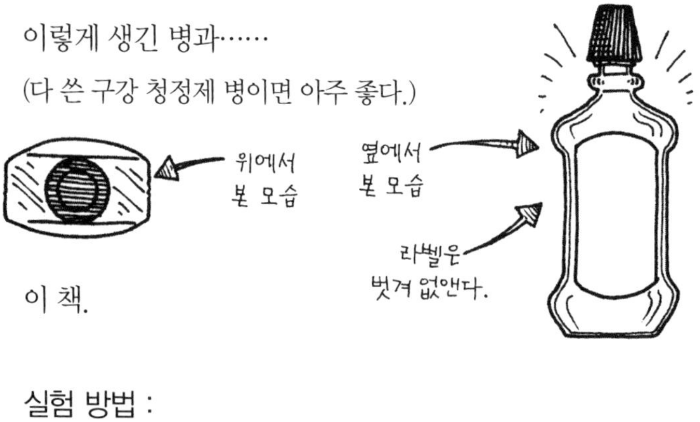
위에서 본 모습
옆에서 본 모습
라벨은 벗겨 없앤다.

이 책.

실험 방법 :

1. 공기 방울 하나 남지 않도록 병 속을 물로 가득 채운다.
2. 병을 옆으로 눕혀 이 책 위에 올려놓고, 눈을 병에 가까이

갖다 대고 이 벼룩을 보라.

서둘러! 이 몸도
바쁜 몸이라고!

벼룩이 아주 크게 보이지? 어떻게 해서 이런 일이 일어날까? 힌트를 주겠다. 페이지에 반사된 빛이 여러분 눈으로 들어오는 걸 상상해 보면 짐작이 갈 것이다.

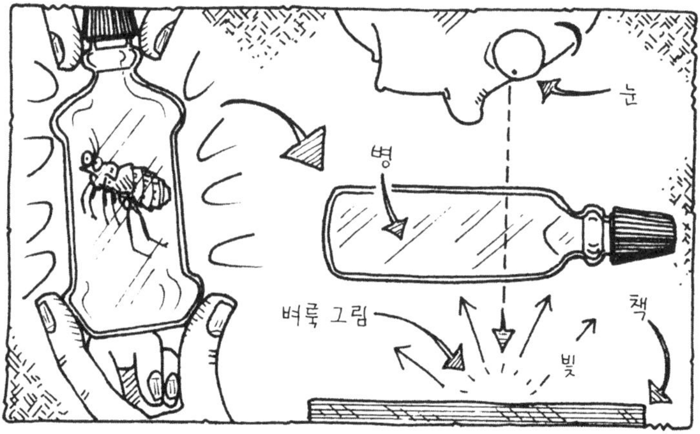
눈
병
벼룩 그림
책
빛

다음 설명 중 옳은 것은?

a) 빛이 물을 통과할 때 속도가 빨라지기 때문에 뇌는 벼룩이 더 커졌다고 생각하게 된다.

b) 물이 빛을 한 점을 향해 구부러뜨린다. 그래서 그 점에다가 눈의 초점을 맞추면, 벼룩이 아주 가까이 다가온 것처럼 보인다.

c) 물이 빛을 더 밝게 보이게 하기 때문에 뇌는 벼룩이 더 커졌다고 생각하게 된다.

답 : b). 빛은 병과 물을 지나가면서 구부러지는데, 빛이 눈에 도달하는 각도가 달라지기 때문에 뇌는 물체가 더 가까이 있는 것처럼 판단하고, 벼룩이 실제보다 훨씬 큰 모습으로 보이게 된다. 놀라지 말라! 바로 이것이 현미경 렌즈의 작용 원리다. 즉 단지 유리로 빛을 구부러뜨리는 것만으로도 물체를 크게 보이게 한다.

현미경은 처음 발명되고 나서 약 70년 동안은 성능이 보잘것없었기 때문에, 새로운 발명품의 잠재력을 깨달은 과학자가 거의 없었다. 그러나 마침내 한 천재가 등장하여 이 모든 것을 바꾸어 놓았다. 그는 당시로서는 획기적인 성능을 자랑하는 현미경을 직접 만들었을 뿐만 아니라, 그것을 들여다보며 놀라운 것을 발견했다.

명예의 전당 : 안톤 판 레이우엔훅 (Antonie van Leeuwenhoek; 1632~1723)

국적 : 네덜란드

9번 테이블에
개구리
뒷다리
갖다 주렴.

레이우엔훅은 '사자의 코너' 란 뜻인데, 그것은 레이우엔훅의 아버지가 네덜란드 델프트에서 운영하던 카페 이름이었다. 그렇다고 불만스럽게 여길 필요는 없다. 그보다 더 심한 이름이 붙었을지도 모르니까. 예를 들어 '안톤 판 개구리뒷다리' 처럼 음식 이름이 붙지 않은 것만 해도 다행이 아닌가!

초등학교 시절에 아버지가 세상을 떠나는 바람에 레이우엔훅은 친척 집에 살면서 옷감 장사를 배웠다. 그는 인생의 대부분을 고향인 델프트에서 조용히 상점을 운영하며 살았다. 무척 따분한 생활처럼 보이지만, 레이우엔훅에겐 흥미로운 취미가 한 가지 있었다.

그래, 맞았다! 그것은 바로 현미경이었다!

우와!
개미가
공룡만 하네!
굉장해!
레이우엔훅 포목점
쯧쯧!

당시의 옷감 장사꾼들과 마찬가지로, 레이우엔훅도 천의 질을 검사하기 위해 렌즈로 실을 자세히 살펴보았다. 그런데 레이우엔훅에게는 다른 점이 있었는데, 렌즈에 아주 큰 관심이 있었다는 사실이다. 그는 직접 손으로 렌즈를 갈아 만드는 걸 좋아했고, 그렇게 만든 렌즈를 금속 틀 위에 올려놓아 간단한 현미경을 만들었다. 그가 만든 현미경 한 가지를 소개하면 대강 다음과 같은 모양이었다.

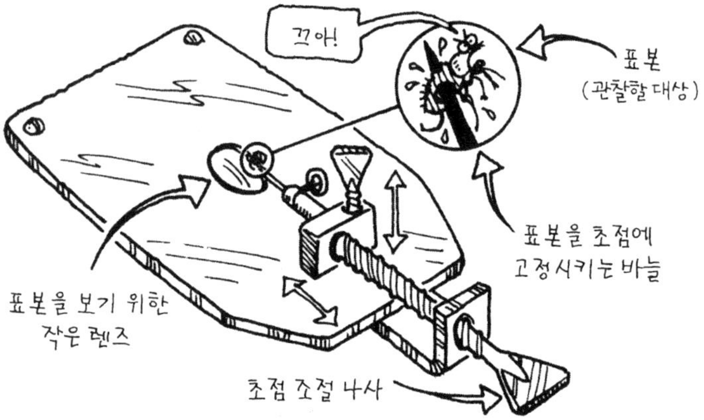
끄아!
표본
(관찰할 대상)
표본을 초점에
고정시키는 바늘
표본을 보기 위한
작은 렌즈
초점 조절 나사

레이우엔훅은 현미경을 만드는 데 필요한 자질을 갖추고 있었는데, 무엇보다도 시력이 좋아 미세한 부분을 자세히 볼 수 있었고, 또 호기심이 아주 많았다. 그래서 레이우엔훅은 자기가 만든 현미경을 사용해 작은 물체들을 살펴보기로 했다. 하루는 빗방울을 들여다보다가 그 속에 아주 작은 생물들이 꿈틀거리고 있는 것을 발견했다. 이에 큰 흥미를 느낀 레이우엔훅은 자신의 침과 피부, 나무껍질, 잎, 자기 입에서 뽑은 썩은 이 등을 현미경으로 보았다. 그리고 그 모든 것에서 작은 생물들이 꿈틀거리고 있음을 발견했다. 레이우엔훅은 오늘날 우리가 세균(세균에 관한 끔찍한 사실은 77쪽을 참고하라)이라고 부르는 것을 최초로 보았다.

레이우엔훅 이전에는 눈에 보이지 않을 정도로 작은 세계에서는 어떤 일이 일어나는지 아무도 짐작하지 못했다. 그래서 사람들은 어떤 일들이 일어나는 과정을 자기 마음대로 지어내 설명했다.

벼룩은 어떻게 생겨날까?
먼지 속에서 생겨나는 거야.
아이고, 머리가 근질거려 죽겠네! 비듬에서 생겨나나?

그러나 레이우엔훅은 현미경으로 벼룩 알을 보았고, 벼룩이 알에서 태어난다는 사실을 알아냈다. 그 다음에는 아주 작은 새끼뱀장어를 관찰하여 뱀장어가 이슬에서 생겨난다는 주장이 틀렸음을 증명했다. 그런데 레이우엔훅은 현미경에 너무나도 푹 빠진 나머지 아주 가까운 거리에서 화약이 폭발하는 것을 관찰하려고 하다가 눈이 멀 뻔하기도 했다. 그랬더라면 그는 더 이상 놀라운 발견을 하지 못했을 것이다.

레이우엔훅은 자신이 발견한 것에 흥분하여 그것을 편지로 써서 영국 왕립학회에 보냈다. 그가 쓴 편지 중 하나는 아마도 다음과 같은 내용을 담고 있었을 것이다(원래 편지는 네덜란드어로 쓰였겠지만, 여러분을 위해 특별히 번역했다).

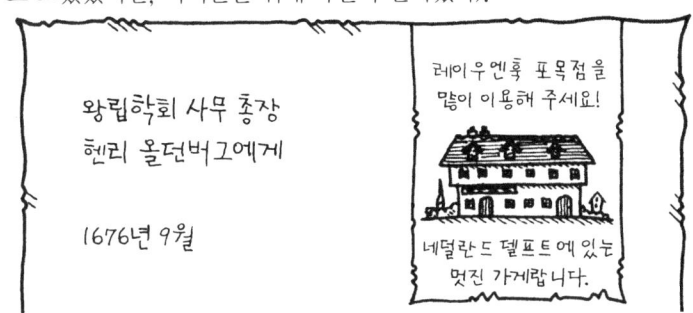

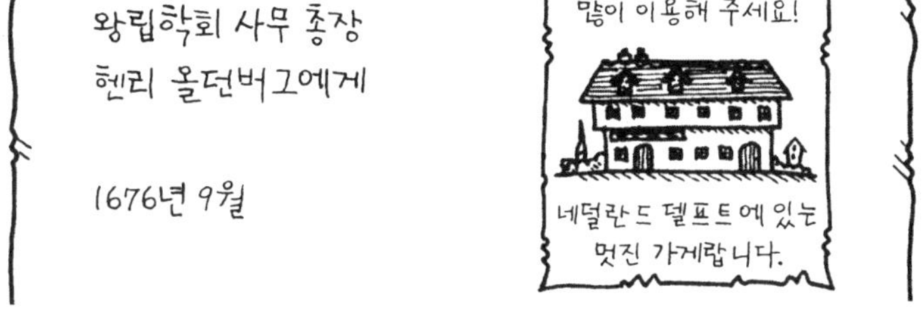
왕립학회 사무 총장
헨리 올던버그에게
1676년 9월
레이우엔훅 포목점을 많이 이용해 주세요!
네덜란드 델프트에 있는 멋진 가게랍니다.

안녕하세요?

제가 발견한 것을 들으면 깜짝 놀랄 것입니다.

저는 베르켈세메레 호숫가에서 산책을 하고 있었어요.

습지 비슷한 호수는 초록색을 띠고 있었고,

악취가 심했지요. 현지 주민들은 그 초록색이 이슬 때문에

나타난다고 말하더군요. 전 그 이야기에 호기심이

발동해 제가 만든 현미경으로 그 물을 조사해 보기로

했어요. 때마침 제게는 표본 채취용

시험관이 있었지요.

전 외출할 때마다 항상

시험관을 갖고 다니거든요!

전 호수 속으로 첨벙첨벙 걸어

들어갔어요. 반바지가 엉망이

되었지만(거기 묻은 끈적끈적한 얼룩은

빠지지가 않았어요),

그만한 가치가 있었어요.

현미경을 들여다보던 저는 물의 초록색이

사실은 머리카락보다 더 가느다란 실 같은 물체

때문에 나타난다는 사실을 알아냈거든요.

게다가 아주 작은 초록색 나무딸기 같은

물체들이 헤엄치고 있었고, 또 젤리 덩어리처럼

생긴 작은 생물들이 꿈틀거리고 있었어요. 그 순간, 저는

지금까지 과학계에 전혀 알려지지 않은 새로운 생명체를

발견했다는 사실을 깨달았지요. 이건 정말 대단한

발견이 아닌가요?

레이우엔훅이

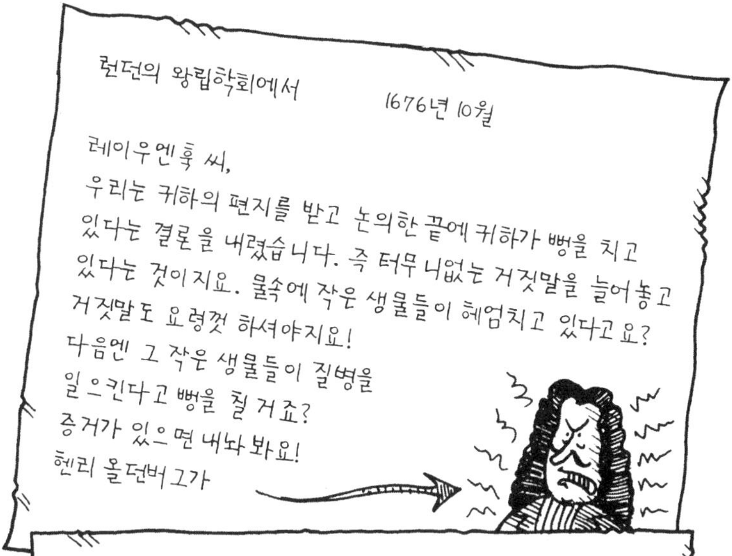
런던의 왕립학회에서
1676년 10월
레이우엔훅 씨,
우리는 귀하의 편지를 받고 논의한 끝에 귀하가 뻥을 치고
있다는 결론을 내렸습니다. 즉 터무니없는 거짓말을 늘어놓고
있다는 것이지요. 물속에 작은 생물들이 헤엄치고 있다고요?
거짓말도 요령껏 하셔야지요!
다음엔 그 작은 생물들이 질병을
일으킨다고 뻥을 칠 거죠?
증거가 있으면 내놔 봐요!
헨리 올던버그가

저자의 잔소리

레이우엔훅은 일부 유명한 사람들을 설득해 그들도 작은 생물체를 보았다는 글을 쓰게 했다. 그 작은 생물들은 실제로 존재하는데, 그것들은 오늘날 조류(藻類)라고 부르는 작은 식물과 원생동물로 밝혀졌다.

레이우엔훅은 자신이 연구한 것을 책으로 써서 유명해졌다. 곧 과학 학회들은 그를 회원으로 모시려고 줄을 섰고, 왕과 귀족도 레이우엔훅의 가게로 찾아와 작은 생물을 한 번만 보게 해 달라고 졸랐다. 레이우엔훅은 90세까지 건강하게 살다 죽었는데, 마지막 선물로 자신이 사용하던 현미경들을 왕립학회의 친구들에게 남겼다. 현미경의 표본대 위에는 말라붙은 작은 핏덩어리나 머리카락, 이빨, 근육 조각이 붙어 있었다. 그러나 접착제가 부패해 떨어지면서 작은 표본들도 떨어져 나가고 말았다.

아직도
못 찾았어?

레이우엔훅의 현미경은 정말로 대단한 관찰 도구였다. 어떤 것은 0.0015mm에 불과한 물체도 볼 수 있었다. 그렇지만 레이우엔훅이 그토록 대단한 렌즈를 어떻게 갈아서 만들 수 있었는지 그 방법은 아무도 몰랐는데, 그는 그 비밀을 아무에게도 알려 주지 않았다. 다른 사람들이 자신의 아이디어를 베낄까 봐 염려했기 때문이다. 여러분도 레이우엔훅의 뒤를 이어 위대한 현미경 과학자가 되고 싶은가? 그렇다면 여러분을 위해 세상에서 가장 작은 자를 소개한다.

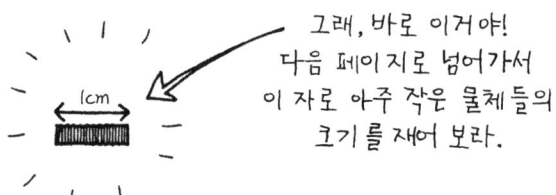

1cm
그래, 바로 이거야!
다음 페이지로 넘어가서
이 자로 아주 작은 물체들의
크기를 재어 보라.

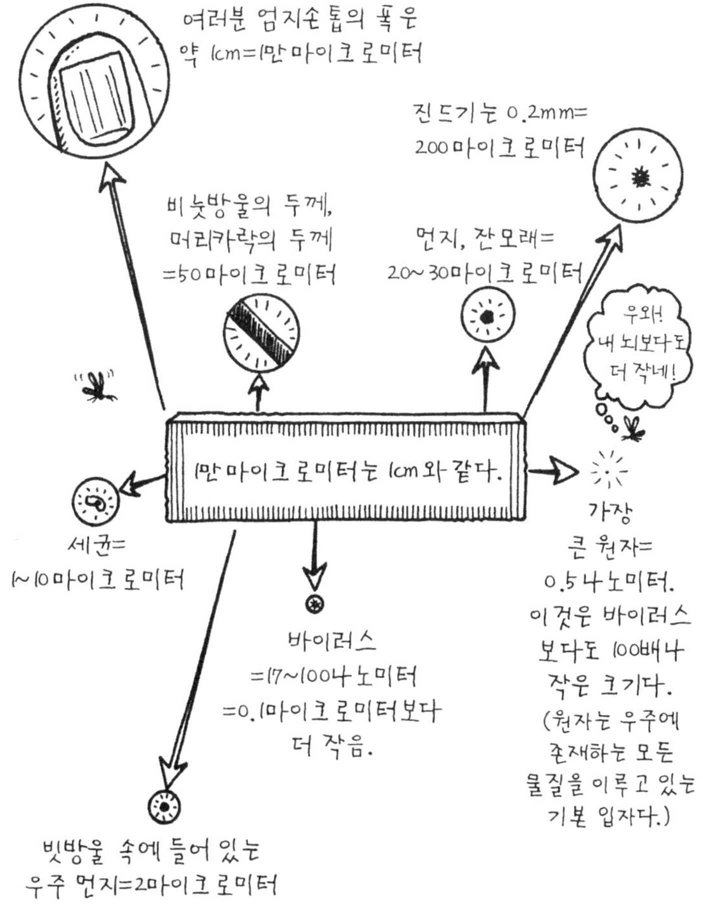

여러분 엄지손톱의 폭은
약 1cm=1만마이크로미터
진드기는 0.2mm=
200마이크로미터
비눗방울의 두께,
머리카락의 두께
=50마이크로미터
먼지, 잔모래=
20~30마이크로미터
우와!
내 뇌보다도
더 작네!
1만마이크로미터는 1cm와 같다.
세균=
1~10마이크로미터
가장
큰 원자=
0.5나노미터.
이것은 바이러스
보다도 100배나
작은 크기다.
(원자는 우주에
존재하는 모든
물질을 이루고 있는
기본 입자다.)
바이러스
=17~100나노미터
=0.1마이크로미터보다
더 작음.
빗방울 속에 들어 있는
우주 먼지=2마이크로미터

자, 이 모든 걸 다 이해했는가? 훌륭하다! 그러나 현미경을 능숙하게 다루는 것은 결코 쉬운 일이 아니다. 현미경 다루는 법을 잘 알아야 하는데, 바로 다음 장에서 그것을 가르쳐 줄 것이다.

꼭 알아 두어야 할 현미경 사용법

이 장에서 여러분은 현미경 사용법을 배우게 될 것이다. 또 레이우엔훅이 했던 관찰을 그대로 따라 해 보고, 여러분 스스로 현미경으로 여러 가지 물체를 관찰하게 될 것이다. 그 전에 먼저 현미경이 처음 등장했던 옛날에는 어떠했는지 그때의 사정을 한번 살펴보기로 하자. 그러니까 과학 선생님이 분을 뿌린 가발을 쓰고, 어색한 스카프를 매고 다니던 18세기의 유럽 말이다.

아리까리 현미경

(1730년형 모델)

사용 방법

아리까리 현미경을 구입하신 여러분은 정말 행운아입니다! 이것은 아직 우리 과학자들조차 제대로 이해하지 못하고 있는 아주 작은 물체들을 볼 수 있는 최첨단 제품입니다. 그러면 민달팽이를 관찰하는 방법을 소개해 드리죠.

1. 민달팽이를 죽여서 바싹 말립니다.
말린 민달팽이를 피로 적십니다. 피가 민달팽이의 몸에 말라붙도록 내버려 두세요. 이렇게 하면 쉽게 날카로운 칼로 끈적끈적한 민달팽이의 몸을 얇게 자를 수 있습니다. 얇게 자를수록 몸속을 더 잘 들여다볼 수 있거든요.

2. 이렇게 잘라 낸 조각을 현미경용 슬라이드 위에 올려놓으세요. 생선 뼈를 삶아서 만든 냄새 고약한 아교를 사용해 민달팽이 표본을 고정시키세요. 만약 생선이 없다면 죽은 동물의 몸에서 떼어 낸 지방으로 아교를 만들어도 됩니다.

3. 이제 여러분은 슬라이드를 관찰할 준비가 다 되었습니다. 슬라이드를 대물렌즈 밑에 놓고, 접안렌즈를 들여다보기만 하면 됩니다!

우와아!

주의 사항

1. 우리의 렌즈는 다소 흐릿하고, 무지개 같은 색깔이 나타나(이걸 전문 용어로 색수차 현상이라 부르지요) 헷갈리게 만듭니다. 그렇지만 무지개가 아름답지 않나요?
2. 슬라이드에 붙여 놓은 표본은 금방 썩으면서 심한 악취를 풍깁니다.

현미경의 성능 개선

1. 1830년, 현미경에 푹 빠져 있던 조지프 리스터(1786~1869)는 새로운 종류의 현미경을 고안했다. 재질이 서로 다른 유리로 만든 렌즈 두 개를 결합함으로써 속을 썩이던 색수차 현상을 해결한 것이다.

2. 1830년대에는 순수한 유리 렌즈를 구입할 수 있게 되었다. 이 렌즈는 불순물이 섞여 흐릿하게 보이던 구식 렌즈보다 훨씬 맑고 투명했다.

3. 현미경으로 관찰하려면 표본을 아주 얇은 조각으로 잘라야 한다는 걸 기억하고 있겠지? 1860년대에 과학자들은 표본을 밀랍으로 씌워 고정시킨 다음 자르는 방법을 개발했다. 이 방법을 쓰니 표본을 훨씬 쉽고 안전하게 자를 수 있었다.

4. 1890년대에 과학자들은 밀랍으로 씌우기 전에 포르말린이라는 화학 약품을 사용해 표본을 굳히는 방법을 개발했다. 포르말린은 표본을 썩지 않게 보존해 주기 때문에, 표본을 자르는 작업이 한결 쉬워졌다. 어느 과학자가 죽은 쥐에 생기는 세균을 없애려고 포르말린을 사용하다가 이 방법을 발견했다. 그 과학자는 실수로 쥐를 밤새도록 포르말린에 담가 놓았다가 아침에 와서 보니 학교 급식으로 나오는 치즈보다 더 딱딱하게 변한 것을 발견했다고 한다.

딱딱!
뻣뻣!

오늘날 포르말린은 장의사가 시체를 보존하는 데 사용하지만, 학교 급식으로 나오는 치즈는 그보다 독성이 훨씬 적은 화학 물질을 사용해 보존하니 안심하라.

아직도 현미경 전문가가 되고 싶은가?

정말 대단하다! 그렇다면 이 잡지를 한번 들여다보라…….

공포 특집 기획사가 매주 발행하는 잡지

현미경 세계

여러분의 현미경 성능을 최대한 활용하는 방법

헬렐레 기자 씀

현미경 열성 팬 여러분, 안녕! 현미경은 정말로 멋진 발명품이다! 여러분의 현미경을 최대한 활용하기 위해 해야 할 일과 절대로 하지 말아야 할 일을 몇 가지 소개하고자 한다!

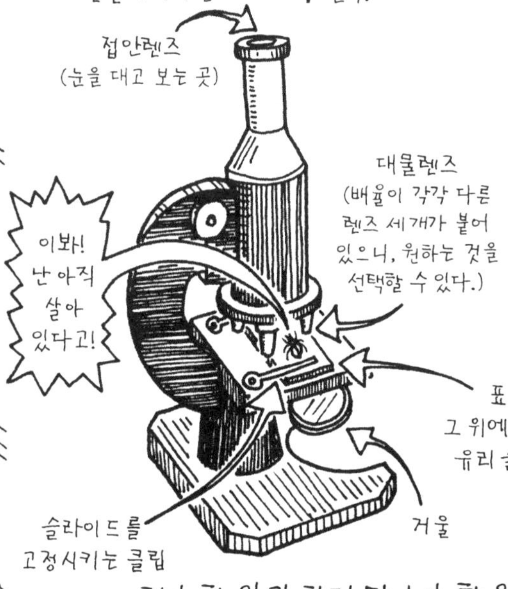

접안렌즈 (눈을 대고 보는 곳)
대물렌즈 (배율이 각각 다른 렌즈 세 개가 붙어 있으니, 원하는 것을 선택할 수 있다.)
이봐! 난 아직 살아 있다고!
표본을 그 위에 올려놓는 유리 슬라이드
슬라이드를 고정시키는 클립
거울

해야 할 일과 하지 말아야 할 일

해야 할 일

현미경에 밝은 빛을 비춘다. 거울이 표본 아래에서 빛을 반사해 비춰 준다. 만약 표본이 죽은 곤충 머리처럼 딱딱한 것이라면, 표본 위에서 빛을 비추어야 한다. 그렇지 않으면 그것은 현미경에 시커먼 덩어리로만 나타날 것이다.

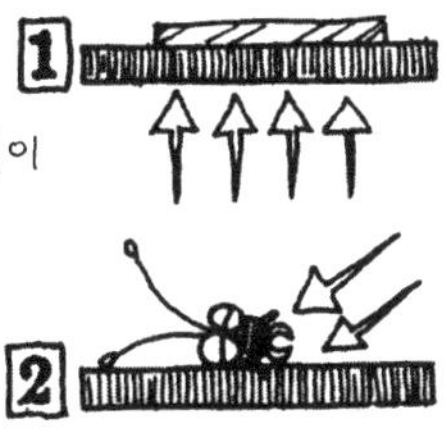

1
2

이크!

해야 할 일

아주 부드러운 천이나 에어브러시를 사용해 렌즈에 붙어 있는 먼지를 제거한다(그런데 에어브러시가 뭔지 모른다고? 공기가 들어갔다 나갔다 하는 작은 고무공에 붓이 달려 있는 것이다. 공을 쥐어짜면 공기가 나가면서 먼지를 날려 보낸다. 그래도 계속 들러붙어 있는 끈적끈적한 이물질은 붓으로 제거한다).

하지 말아야 할 일

접안렌즈를 통해 표본을 관찰하면서 대물렌즈를 아래로 내리기. 윽! 생각만 해도 입에서 비명이 나오네! 귀중한 렌즈에 오물이 잔뜩 묻을 뿐만 아니라, 표본을 올려놓은 유리 슬라이드까지 박살낼 수 있다.

아악!

하지 말아야 할 일

현미경을 사용하지 않을 때 접안렌즈에 먼지 마개 씌우는 것과 현미경에 덮개 씌우는 것 잊어먹기. 그랬다간 렌즈에 먼지가 덕지덕지 들러붙을 것이다. 그러면 관찰이 엉망이 되기 십상이지…….

그렇지만 먼지도 아주 매력적인 것이 될 수 있다!
믿지 못하겠다면 95쪽을 보라!

현미경에 관한 아찔한 전문 용어

두 현미경 과학자가 대화를 나누고 있다.

경통의 피사계 심도는 적당하지?
응, 그래. 그렇지만 해상도가 모자라.

그러면 여러분은 이렇게 말하겠지?

염통의 피라고?
해상도라면
바다에서 쓰는 칼?
윽! 누굴 죽이려고
계획하나 봐!

답 : 무슨 그런 엉뚱한 생각을! 경통이란 렌즈가 붙어 있는 망원경의 주요 몸통을 말한다. 피사계 심도는 선명한 상을 얻을 수 있는 범위 내에서 경통을 위아래로 이동시킬 수 있는 범위를 말하고, 해상도는 상을 세밀하게 보여 줄 수 있는 현미경의 능력을 말한다. 잘 알아 두도록!

★ 요건 몰랐을걸!

과학자들이 표본 슬라이드를 만드는 방법은 다음과 같다.

1. 현미경으로 볼 때 선명하게 보이도록 하기 위해 표본을 염색한다. 염색에 사용하는 염료는 특정 화학 물질에만 색을 입히기 때문에 관찰하고자 하는 작은 물체 중 특정 부위를 선명하게 나타나게 한다. 일반적으로 많이 사용하는 염료는 연지벌레 암컷을 말려서 만든 진홍색 염료인 코치닐이다.

끄악!
다음!

2. 관찰하고자 하는 물체를 얇게 잘라 낸다. 표본이 얇아야만 아래 거울에 반사돼 들어오는 빛이 표본을 통과하므로 잘 관찰할 수 있다. 그렇다면 얼마나 얇게 만들어야 할까? 음, 1000분의 1mm(1마이크로미터) 정도면 아주 좋다. 과학자들은 마이크로톰(microtome)이란 도구를 사용해 표본을 아주 얇게 잘라 낸다.

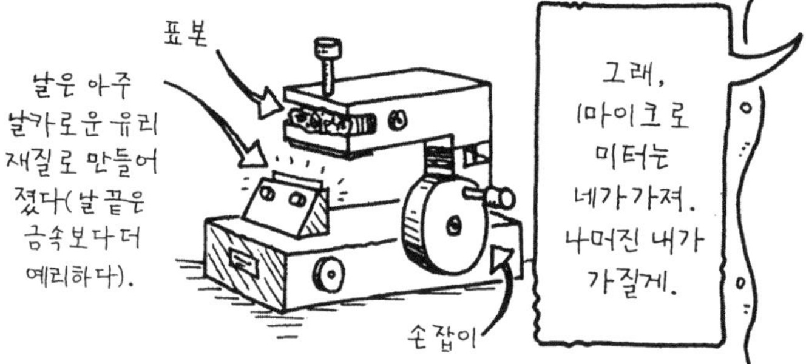
표본
날은 아주 날카로운 유리 재질로 만들어졌다(날끝은 금속보다 더 예리하다).
손잡이
그래, 1마이크로미터는 네가 가져. 나머진 내가 가질게.

3. 표본을 유리 위에 놓고, 마르지 않도록 물을 한 방울 뿌리고, 그 위를 커버 글라스라는 얇은 유리로 덮어 보호한다. 만약 표본을 보관해 두고 싶다면, 글리세린과 젤라틴으로 덮고, 표본이 마르고 썩는 것을 막기 위해 커버 글라스의 가장자리를 아라비아고무로 밀봉한다.

무시무시한 건강 경고!

직접 표본을 자르려고 시도하지 말라!
그랬다간 아주 흥미로운 손가락 끝을 관찰하게 될지도 모른다!

앞에서 말한 것처럼 이 책은 그 자체가 하나의 현미경이다. 이 책을 읽는 데에는 다른 현미경이 필요 없다(여러분이 아주 심한 근시가 아닌 이상). 그렇지만 만약 현미경이 그렇게도 갖고 싶다면, 친구들뿐만 아니라 선생님도 시샘을 할 만큼 성능이 좋은 현미경을 만드는 법을 가르쳐 주겠다. 그것은 바로…… 전자현미경이다!

아주 작은 괴물들에 관한 진상 조사 X-파일

이름 : 전자현미경

화면
컴퓨터

기초 사실 : 1. 전자현미경은 관찰하고자 하는 물체에 전자를 발사한다(전자는 원자 속에서 원자핵 주위를 빙빙 돌고 있는 아주 작은 에너지 덩어리다).

2. 빛도 전자와 마찬가지로 작은 에너지 덩어리들로 이루어져 있는데, 아주 빠른 속도로 지그재그를 그리며 날아가면서 광파(빛의 파동)를 만든다. 만약 물체의 크기가 가시광선의 파장(약 0.5마이크로미터)보다 작으면, 보통 현미경으로는 그 물체를 볼 수가 없다.

3. 전자빔의 파장은 빛(가시광선)의 파장보다 훨씬 작다. 그래서 전자현미경으로는 보통 현미경으로 볼 수 있는 것보다 20만 배나 작은 물체도 볼 수 있다.

벌의 무릎
치명적인
바이러스

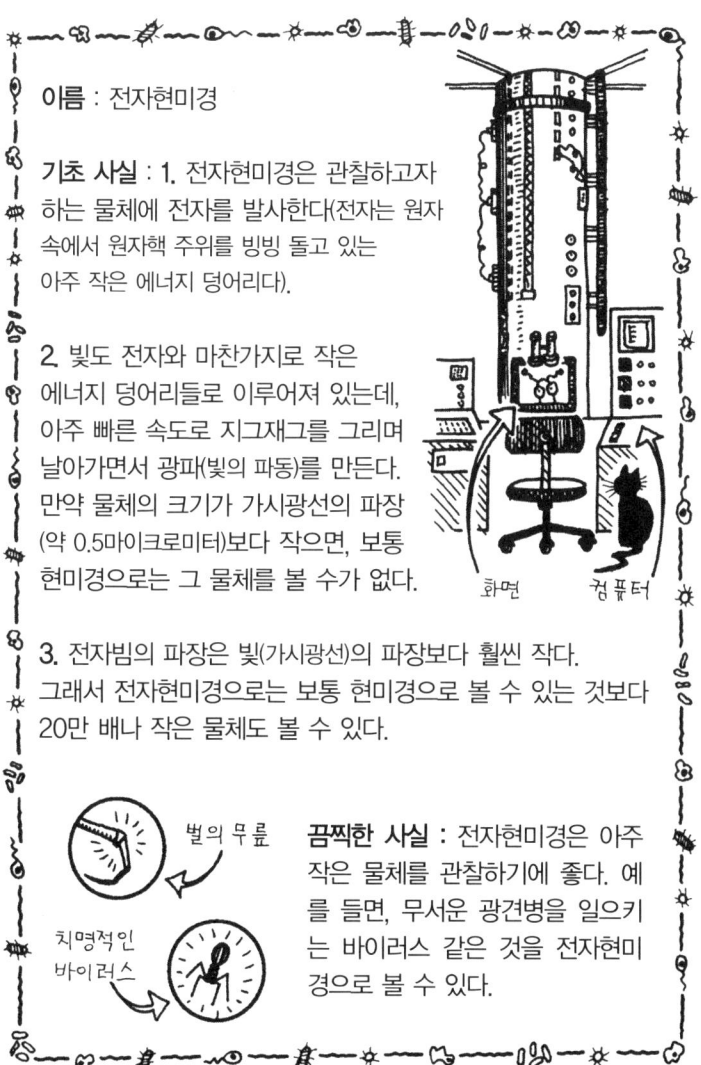

끔찍한 사실 : 전자현미경은 아주 작은 물체를 관찰하기에 좋다. 예를 들면, 무서운 광견병을 일으키는 바이러스 같은 것을 전자현미경으로 볼 수 있다.

직접 전자현미경을 만들어 보자

자, 그럼 전자현미경을 만들 준비가 되었는가? "아직요!"라고 대답할 줄 알고, 여러분이 밟아야 할 단계를 다음에 준비했다.

> **경고!**
> 시작하기 전에 아래 지시 사항을 반드시 꼼꼼히 읽도록!
> 그렇지만 조심하라. 그중에는 아주 황당한 지시도 있으니까!

맨 먼저 필요한 준비물을 가져와야지?

커다란 금속 관(하수도관이면 아주 훌륭하다. 북북 문질러 깨끗이 하면 더욱 좋다!).

킈킈!
뽀뽀!
잘하고 있어!

텔레비전에서 떼어 낸 형광 화면과 전자총(아니, 아니! 집에 있는 텔레비전을 분해하진 말 것! 학교에 있는 걸 하나 빌리도록 노력해 보라).

화면
전자총
오늘 XX학교에서 텔레비전을 한 대 도둑맞은 사건이 일어났다고 합니다.

아주 강한 자석.

이것처럼?
모르겠어. 보여야 말이지.

컴퓨터(전자현미경으로 본 모습을 컴퓨터 화면에 나타낼 수 있는 소프트웨어도 필요하다. 여러분을 위해 그런 걸 만들어 줄 수 있는 컴퓨터 프로그래머 친구가 하나쯤 있겠지?).

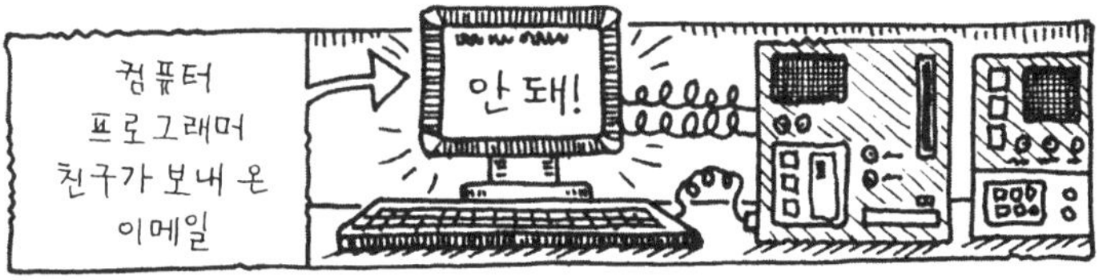
컴퓨터
프로그래머
친구가 보내 온
이메일
안 돼!

현미경에서 공기를 뽑아 내어 그 속을 진공으로 만들 수 있는 아주 강한 공기 펌프.

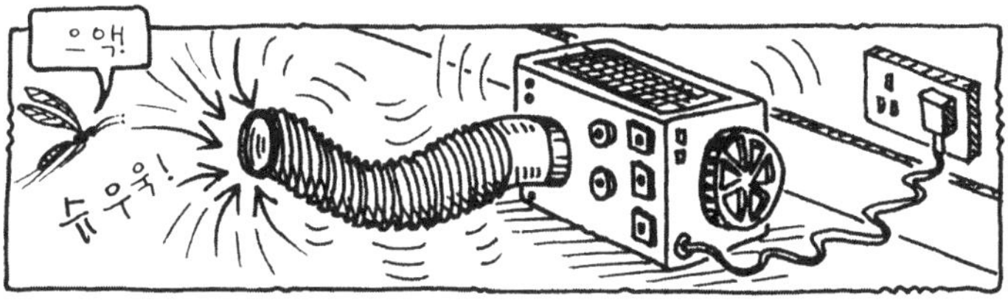
으악!
슈우욱!

전자총에 연결시킬 전선과 플러그.

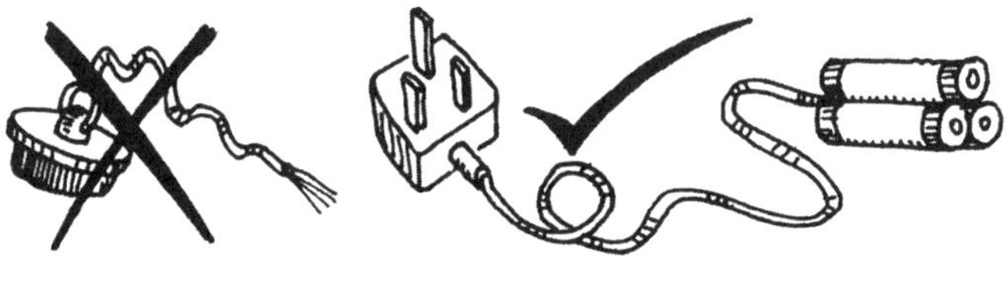

실험 방법 :

1. 고에너지 전자빔을 아래쪽으로 발사하면서 좌우로 흔들 수 있도록 전자총을 금속 관에 고정시킨다.

2. 그 밑으로 관 양쪽 옆에 자석을 붙인다. 그러면 자기력이 전자들을 폭이 아주 좁은 전자빔으로 만든다. 전자빔이 표본을 놓아 둘 장소에 닿은 다음, 거기에 반사된 전자빔이 형광 화면

으로 가도록 전자총을 잘 조준한다. 형광 화면은 전자가 와서 부딪치면 그 부분이 빛을 낸다.

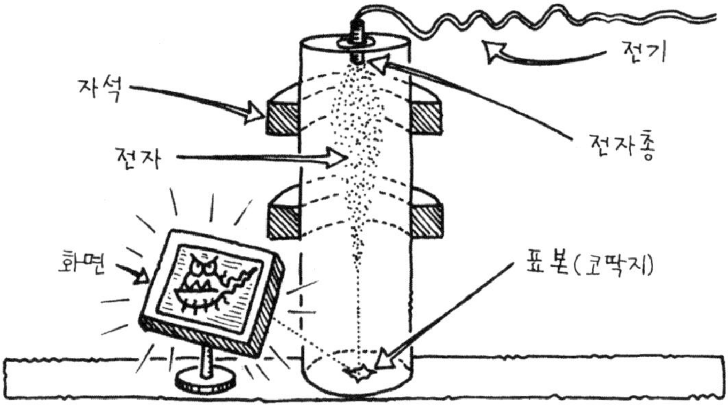

전기
자석
전자총
전자
화면
표본(코딱지)

3. 컴퓨터에 화면을 연결한다. 컴퓨터는 화면에 부딪친 전자들을 표본의 상으로 해석한다.

4. 공기 펌프를 사용해 관에서 공기를 뽑아낸다. 공기 분자는 전자의 진로를 가로막아 상을 왜곡시키기 때문이다.

5. 아이쿠! 이런 실수를! 표본을 현미경 안에 넣는 걸 잊지 말 것! 음, 이 단계는 사실 4단계에서 해야 한다. 만약 진공으로 변한 관 속에 손을 집어넣었다간 손가락이 다 빠져 나갈지도 모른다!

6. 플러그를 꽂고 스위치를 누른다. 아니, 그게 아니야!

켬
안 돼!
하지 마!

저자의 사과

여러분의 전자현미경은 약 300만 볼트나 되는 높은 전압이 필요하다. 만약 여러분 집에 이렇게 높은 전압의 전류를 끌어온다면, 모든 전선 케이블이 녹아내리고, 두꺼비집은 폭발해 날아갈 것이다.

또 전기 요금이 엄청나게 많이 나올 것이다! 그렇게 되면 손상된 것들을 복구하느라 많은 돈을 내야 할 테고, 호주머니에 남은 돈이 얼마나 되나 보기 위해 전자현미경이 필요할 수도 있다.

아빠, 이제 스위치를 올리겠어요!
딸깍!
콜록!
캑캑!

★ 요건 몰랐을걸!

1. 전자현미경은 원자 사진도 찍을 수 있다. 주사 터널링 현미경은 아주 작은 탐침으로 물체 표면에 전자를 발사한다. 그리고 물체에 반사돼 돌아오는 전자를 포착해 원자들의 모양을 알아낸다.

2. 최초의 주사 터널링 현미경은 1981년에 스위스 과학자 게르트 비니히와 하인리히 로러가 만들었다. 그들이 얻은 최초의 사진은 금 원자였는데, 마치 마분지 달걀 상자를 뒤집어 놓은 것 같았다.

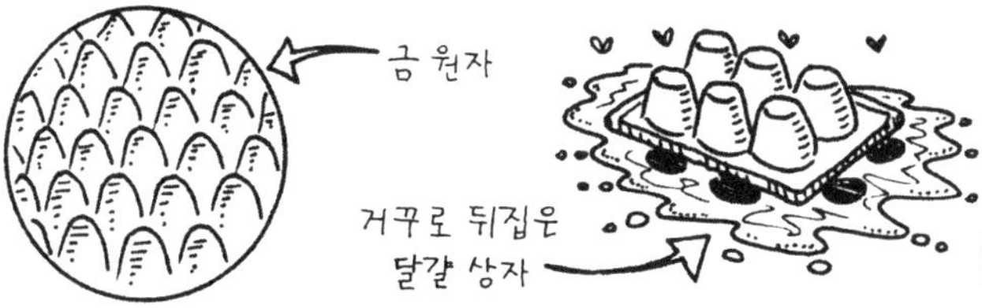
금 원자
거꾸로 뒤집은
달걀 상자

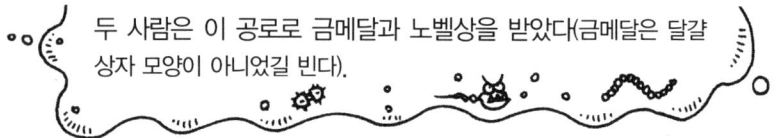

두 사람은 이 공로로 금메달과 노벨상을 받았다(금메달은 달걀 상자 모양이 아니었길 빈다).

그러면 우리는 현실로 돌아와 전자현미경만큼 성능이 좋진 않지만, 만들기 훨씬 쉽고 그런대로 괜찮은 현미경을 만들어 보자. 그것은 아래의 괴상하게 죽어 있는 거미를 관찰하기에는 충분하다.

괴상하게
죽어 있는 거미

직접 해 보는 실험 : 직접 현미경을 만들어 보자!

준비물 :

폭 2.5cm, 길이 5cm 정도 되는 카드

셀로판지(고지서로 날아오는 편지봉투의 투명한 셀로판지를 사용해도 된다)

가위

접착 테이프

연필이나 천공 펀치

키친타월꽂이에서 빼낸 원통 마분지

실험 방법 :

1. 천공 펀치나 연필 끝으로 카드 가운데에 지름 5mm 정도

의 구멍을 뚫는다.

2. 셀로판지로 구멍을 덮고 접착 테이프로 고정한다.

3. 원통 마분지를 길이 5cm 정도 되게 자른 다음, 한쪽 끝에서부터 3cm 되는 지점까지 가위로 잘라 홈을 낸다. 그 옆에 2.5cm 정도 떨어진 지점에 다시 똑같은 길이의 홈을 낸다. 그 사이에 잘린 부분을 들어 올려 작은 덧문처럼 만든다. 아래 그림과 같이 원통을 거미 위에 올려놓고, 카드를 원통 위에 올려놓는다.

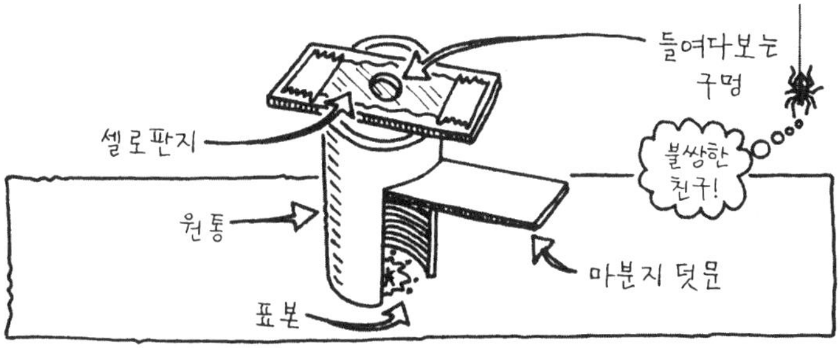
들여다보는 구멍
셀로판지
불쌍한 친구!
원통
마분지 덧문
표본

4. 연필 끝에 물방울 하나를 찍어 구멍을 덮고 있는 셀로판지 위에 떨어뜨린다. 물방울이 구멍을 완전히 덮도록 해야 한다.

5. 눈을 구멍에 아주 가까이 갖다 대고 그 속을 들여다보라. 거미의 눈 8개와 독니가 아주 커다랗게 보일 것이다. 꿈속에서 그게 다시 나타나지 말아야 할 텐데…….

엄마, 무시무시한 눈알 8개와 독니 때문에 잠을 못 자겠어요!

이제 여러분이 만든 이 현미경으로 아주 작은 사람을 본다고 상상해 보자. 그러니까 아주 작은 크기로 축소된 사람을 보는 것이다. 무슨 말도 안 되는 소릴 하느냐고? 다음 이야기를 읽고 나서도 그런 말을 할 수 있는지 보자.

아주 작은 세계!

사람 구함!
과학 실험을 위한
용감한 자원자 모집!
소형화 기술 장비, 그러니까 축소 기계 실험에
참여할 사람을 찾습니다.
보수는 후하게 지불하며, 게다가 과학을 위해
공헌할 기회까지 제공함!
연락처 : 사이비 교수
(0924) 849382

사이비 교수가 만든 새로운 기계에서 어떤 일이 벌어질지는 아무도 몰랐지만, 한 가지만큼은 확실했다. 그 실험에 참여하는 사람은 간덩이가 부은 사람이거나 아주 멍청한 사람뿐이라는 것! 이 일에 알맞은 경험과 무모함과 어리석은 배짱을 지닌 사람은 세상에 오직 한 사람, 돈조아 탐정뿐이다. 그렇지만 돈조아 탐정이 과학을 위해 공헌한다는 그럴듯한 유혹에 넘어간 것은 당연히 아니었다!

돈조아
사립 탐정 사무실
네, 광고 보고 전화하는데요. 그리 썩 당기는 일은 아니네요.

그런데 몇 마디 오고 가자, 돈조아 탐정의 눈이 커졌다.

보수는요?
넹? 얼마라고요?
좋아요! 내가 할게요! 딴 사람 받지 마세요!

내가 실험에 참여하기로 한 이유는 오직 하나!
바로 돈 때문이다! 나야 산전수전 공중전 다 겪은
몸이 아닌가? 그러나 아직 내가 모르는 것이 있는 줄
어떻게 알았으랴! 나는 좀 더 신중해야 했다.
그게 첫 번째 실수였다.

과학자 동료 중 어느 누구도 실험에 참여하려고 하지 않았다.
그들은 '도저히 받아들일 수 없는 위험 요소' 운운하며 몸을
사렸다. 나는 돈조아 탐정에게 새로 발명된 기계가 사람을
미생물만 한 크기로 축소시킨다고 설명해 주었다.

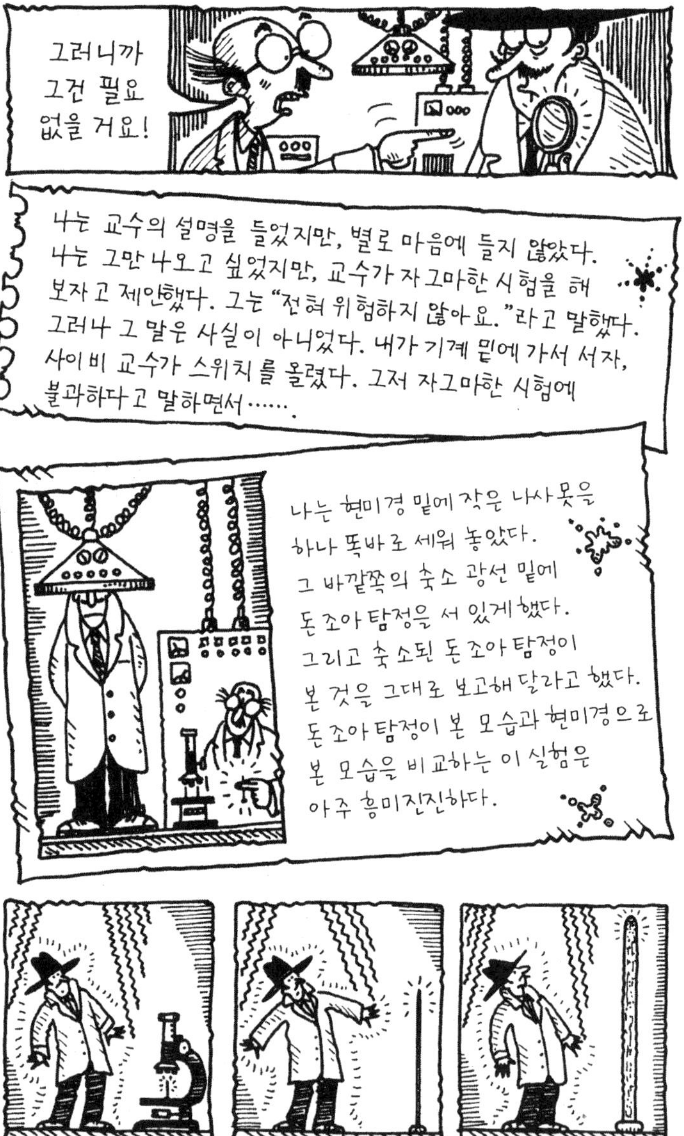
그러니까 그건 필요 없을 거요!
나는 교수의 설명을 들었지만, 별로 마음에 들지 않았다. 나는 그만 나오고 싶었지만, 교수가 자그마한 시험을 해 보자고 제안했다. 그는 "전혀 위험하지 않아요."라고 말했다. 그러나 그 말은 사실이 아니었다. 내가 기계 밑에 가서 서자, 사이비 교수가 스위치를 올렸다. 그저 자그마한 시험에 불과하다고 말하면서…….
나는 현미경 밑에 작은 나사못을 하나 똑바로 세워 놓았다. 그 바깥쪽의 축소 광선 밑에 돈조아 탐정을 서 있게 했다. 그리고 축소된 돈조아 탐정이 본 것을 그대로 보고해 달라고 했다. 돈조아 탐정이 본 모습과 현미경으로 본 모습을 비교하는 이 실험은 아주 흥미진진하다.

돈조아 탐정은 한여름의 뜨거운 햇살처럼 따뜻한 광선이 몸 위로 쏟아지는 걸 느꼈다. 그거야 뭐 별로 기분 나쁠 게 없었는데, 조금 지나자 몸이 줄어들기 시작했다. 그러자 그 옆에 서 있던 나사못이 점점 커지더니 커다란 기둥처럼 보였다. 옆면에 파인 나사 홈이 깊은 골처럼 드러나기 시작했고, 끝부분은 더 이상 뾰족하지 않고 둥글고 커다란 크리스마스 푸딩처럼 보였다.

오벨리스크

넓고 거대한 세계는 시간이 지날수록 더욱더 거대하게 변해 갔다. 훌륭한 탐정의 직감은 "어서 여기서 빠져 나가야 해!"라고 외쳤지만, 이미 때가 늦었다! 못은 더 이상 못이 아니었다. 그것은 오벨리스크만큼 거대해 보였다. 게다가 금속 표면에 생겨난 주름들 사이에서 뭔가 꿈틀거리는 것들이 있었다. 역겨운 젤리 덩어리 같은 것들이 살아 움직이고 있었다! 나사못은 아주 불길해 보였고, 나는 교수에게 도로 크게 해 달라고 소리를 질렀다.

놀라운 일이다! 돈조아 탐정이 나사못에 난 아주 작은 홈과 세균을 정확하게 묘사하고 있다. 나는 현미경으로 돈조아 탐정을 자세히 관찰했다. 목소리는 들리지 않지만, 열심히 팔을 흔들고 있었다. 아주 행복한 것처럼 보였기 때문에, 나는 실험을 계속 진행하기로 했다. 그런데 그만! 큰 사고가 일어나고 말았다. 재채기를 하고 만 것이다…….

가까운 곳에서 천둥 소리가 들려왔다. 그리고 엄청난
돌풍이 몰려오더니 내 몸이 공중 높이 붕 떠올랐다.
온 사방에 끈적끈적한 액체 덩어리들이 널려 있었다.
아무리 봐도 콧물 같았다. 남의 얼굴에 재채기를 하는
것만큼 무례한 짓도 없다. 사이비 교수는 손수건으로
입을 가릴 줄도 모른단
말인가? 아래를 내려
다보니 바닥까지는
까마득하다. 이제 나
는 63빌딩에서 몸에
묶은 줄도 없이
번지점프를 하는
사람과 똑같다…….

돈조아 탐정은 과연 카펫 위에다가 지저분한 자국을 남기고 이대로 최후를 맞이할까? 그 이야기는 이따가 다시 하기로 하자. 그 전에 먼저 현미경이 미스터리 사건들을 해결하는 데 어떤 도움을 주었는지 알아보기로 하자. 그중에는 화장실에서 사라진 황당한 도둑 사건도 있다!

미스터리 사건을 해결한 현미경

현미경을 사용해 범죄의 단서를 찾는 과학 분야가 있으니, 바로 법의학이다. 아래에 사건 현장에서 발견된 법의학적 단서들을 소개한다(이것들은 경찰 박물관에서 빌려 온 것이다).

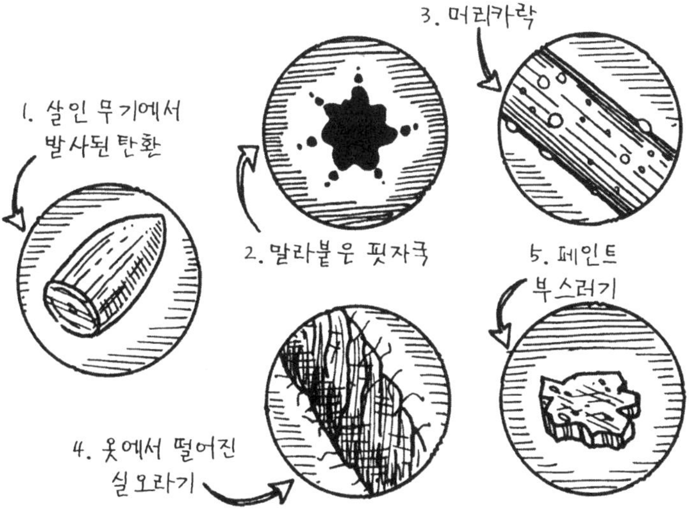

3. 머리카락
1. 살인 무기에서 발사된 탄환
2. 말라붙은 핏자국
5. 페인트 부스러기
4. 옷에서 떨어진 실오라기

그러면 이 단서들을 이용해 어떻게 범인을 잡았는지 살펴보자.

아주 작은 괴물들에 관한 진상 조사 X-파일

이름 : 법의학

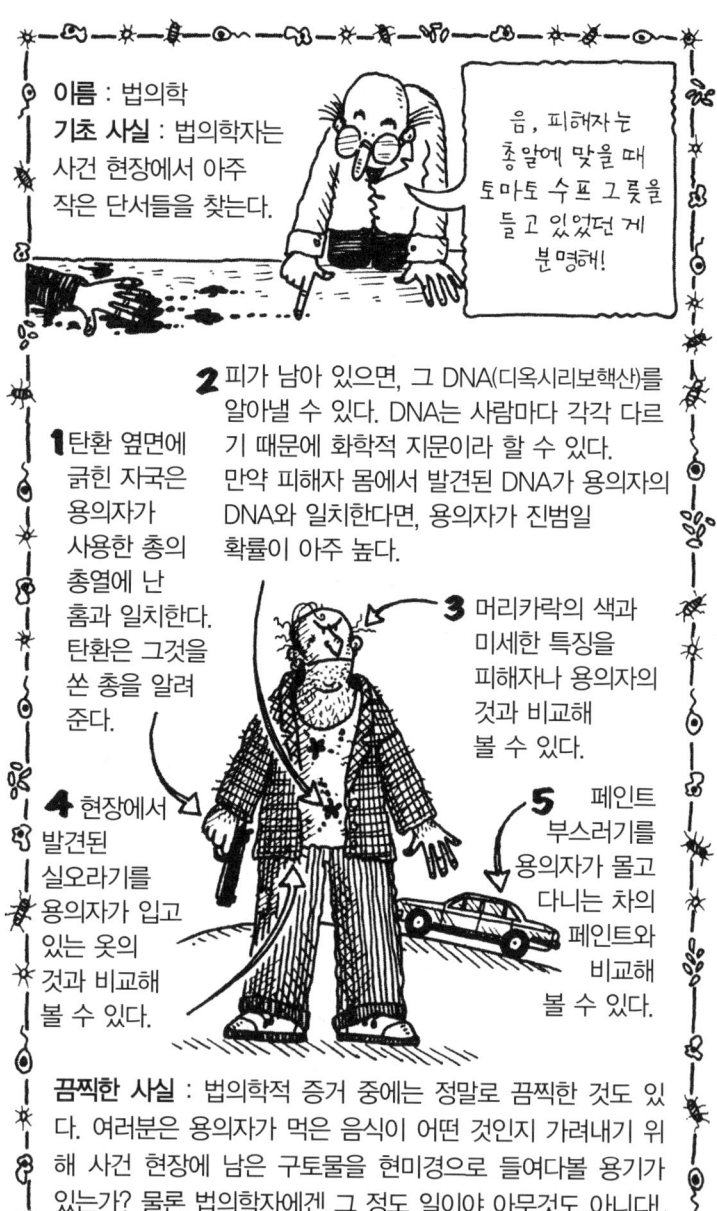

기초 사실 : 법의학자는 사건 현장에서 아주 작은 단서들을 찾는다.

음, 피해자는 총알에 맞을 때 토마토 수프 그릇을 들고 있었던 게 분명해!

1 탄환 옆면에 긁힌 자국은 용의자가 사용한 총의 총열에 난 홈과 일치한다. 탄환은 그것을 쏜 총을 알려 준다.

2 피가 남아 있으면, 그 DNA(디옥시리보핵산)를 알아낼 수 있다. DNA는 사람마다 각각 다르기 때문에 화학적 지문이라 할 수 있다. 만약 피해자 몸에서 발견된 DNA가 용의자의 DNA와 일치한다면, 용의자가 진범일 확률이 아주 높다.

3 머리카락의 색과 미세한 특징을 피해자나 용의자의 것과 비교해 볼 수 있다.

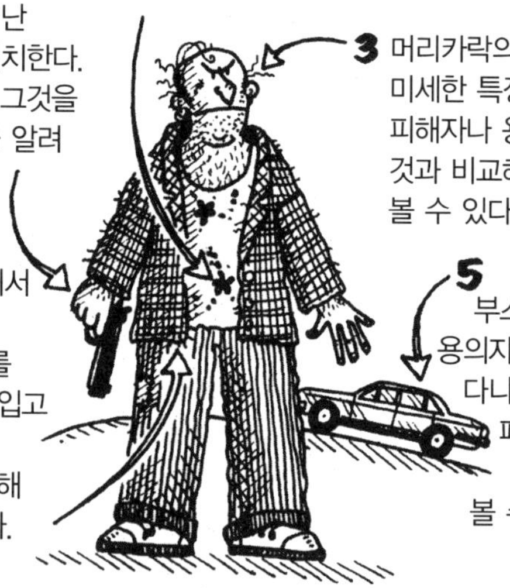

4 현장에서 발견된 실오라기를 용의자가 입고 있는 옷의 것과 비교해 볼 수 있다.

5 페인트 부스러기를 용의자가 몰고 다니는 차의 페인트와 비교해 볼 수 있다.

끔찍한 사실 : 법의학적 증거 중에는 정말로 끔찍한 것도 있다. 여러분은 용의자가 먹은 음식이 어떤 것인지 가려내기 위해 사건 현장에 남은 구토물을 현미경으로 들여다볼 용기가 있는가? 물론 법의학자에겐 그 정도 일이야 아무것도 아니다!

옥수수, 버섯 그리고…
고양이 먹이라! 이거 재미있군!

자, 그럼 여러분은 법의학자의 자질을 얼마나 갖고 있는지 한번 알아볼까? 걱정할 것 없다. 토한 것을 들여다보라고 하진 않을 테니까. 극악무도한 도둑을 붙잡는 데 현미경이 큰 역할을 한 진짜 사건을 통해 여러분의 능력을 시험해 볼 것이다. 자, 그럼 여러분은 범인을 잡을 수 있을까?

화장실에서 사라진 도둑

1922년, 프랑스 리옹.

"세상에 어떻게 이런 일이 일어날 수 있어요!" 한 할머니가 마구 소리쳤다. "자꾸 내 연금이 사라지고 있는데, 우체국 직원 중 누군가가 그것을 훔치는 게 분명해요! 내 나이 올해 86세지만, 내가 젊었을 때에는 이런 일은 듣지도 보지도 못했어요! 이런 짓을 막는 법을 만들어야 해요!"

우체국장은 어쩔 줄을 몰라 했다.

"할머니, 법은 이미 있습니다. 제가 온 힘을 다해 도둑을 잡아 돈을 돌려 드릴 테니 아무 걱정 말고 계십시오."

할머니는 앙상한 손가락을 흔들며 뭐라 뭐라 불평 섞인 소리를 계속 지껄이면서 나갔다. 할머니가 가고 나자, 우체국장은 가슴을 쓸어내리면서 가장 믿을 만한 직원 두 사람을 불렀다. 두 사람은 생긴 게 아주 대조적이었다. 장은 키가 작고 깡말랐고, 자크는 거대한 우체통처럼 몸집이 우람했다. 우체국장은 엄숙한 시선으로 두 사람을 노려보았다.

우체국

"오늘만 해도 벌써 세 번째나 같은 민원이 들어왔어! 자네들이 그 도둑을 붙잡아 다시는 이런 일이 일어나지 않도록 하게. 내게 좋은 계획이 있긴 한데, 자네들에겐 조금 괴로운 일이 될 거야."

자크는 국장의 신임을 받았다는 생각에 마냥 기분이 좋아서 '조금 괴로운 일'이라는 말에 별 신경을 쓰지 않았다. 그는 자신만만하게 말했다.

"걱정 마십시오, 국장님. 저희만 믿으세요. 어떤 일이라도 해낼 자신이 있습니다!"

"좋아. 내 생각엔 도둑이 화장실에서 편지 봉투를 열어 돈을 훔치는 것 같네." 이렇게 말하고 나서 국장은 자신의 계획을 이야기했다.

잠시 후, 국장 앞에서 물러나오는 두 사람의 얼굴에는 당황한 표정이 역력했다.

장은 친구의 불룩한 배를 쿡 쑤시며 말했다. "이봐, 지방 덩어리! 왜 국장에게 우리만 믿으라고 큰소리를 친 거야? 이게 무슨 꼴인가 말이야!"

자크는 금방 울 것 같은 표정을 지었다. “내 잘못이 아니야! 화장실을 감시하는 일을 맡을 줄 누가 알았겠어?”

“이 끔찍한 일을 어떻게 하지?” 장이 계속 구시렁거렸다.

자크도 어두운 얼굴로 고개를 끄덕였다. “정말 끔찍한 일이야. 그렇지만 코를 틀어막으면 되지 않을까?”

“아, 시끄러워!” 장이 꽥 소리쳤다.

다음 날 아침 11시쯤 두 사람은 기분이 매우 언짢았다. 두 사람은 변기 위에 있는 지붕에 웅크려 잠복하고 있었다. 천장에 뚫어놓은 구멍을 통해 아래에서 일어나는 일을 지켜볼 때마다 먹은 것이 넘어오는 걸 참느라 애를 먹었다.

“몇 명이나 봤어?” 장이 속삭였다.

“정확하게 세지 않았는데…… 10명인가, 12명인가…….”

“뭔가 이상한 짓을 한 사람은 없었고?”

그러자 자크가 낄낄거렸다. “이상한 짓은 누구나 다 했지. 맨 마지막에 들어온 사람은 콩을 많이 먹은 모양이야. 냄새가 지독했어! 정말 비위 상해 못 하겠어!”

그때, 장이 입에다 손가락을 갖다 댔다.

“쉿! 누가 들어왔어.”

“누구 차례지?”

“나야, 쉿! 저 사람이 도둑인 것 같아!”

봉투 찢는 소리와 속의 내용물을 꺼내는 소리 그리고 수표와 지폐를 호주머니 속에 급히 집어넣는 소리가 들려왔다.

"나도 보고 싶어!" 자크가 이렇게 말하면서 장을 옆으로 밀어 냈다. 그때 그의 거대한 무릎이 천장을 쾅 치면서 회반죽 부스러기가 아래로 떨어졌다. 그 바람에 도둑은 황급히 문을 열고 밖으로 달아났다.

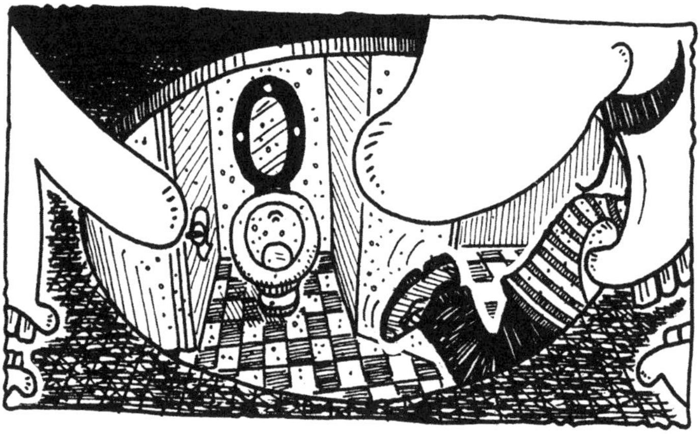

"도대체 무슨 짓을 한 거야?" 장이 소리쳤다.

"내 잘못이 아니야! 천장 바닥에 무릎이 부딪치는 걸 나보고 어떡하라고!" 자크가 볼멘소리로 말했다.

우체국장은 손가락으로 책상을 탁탁 두들기면서 물었다. "그래, 범인의 얼굴은 보았나?"

"모자를 쓰고 있었습니다." 자크가 대답했다.

우체국장은 경멸하는 듯한 시선으로 그를 노려보았다. "멍청한 녀석! 우편 집배원이 모자를 쓰는 거야 당연하지! 그러니까 너희가 한 거라곤 화장실 지붕을 망가뜨린 것뿐이란 말이지?"

그러자 자크가 장에게 속삭였다. "설마 우리보고 변상하라는 건 아니겠지?"

"지금 뭐라고 한 거야?" 우체국장이 빽 소리를 질렀다.

"자크가 말하길, 그 도둑이 아직도 편지 봉투들을 갖고 있을 거라고 하는군요." 장이 대답했다.

"멍청하긴! 도둑이 그 정도로 멍청한 줄 알아? 무엇보다 맨 먼저 봉투를 버렸을 거야. 그런데 정말로 아무것도 발견한 게 없어? 단서가 될 만한 게 하나도 없느냐 말이야! 당장 묘안을 내놓지 않으면, 앞으로 6개월 동안 화장실을 감시하게 할 거야!"

장이 볼멘소리로 말했다. "국장님, 그건 저희 잘못이 아니에요. 저희 눈에 현미경이 달린 것도 아니고요."

갑자기 우체국장이 책상을 쾅 치는 바람에 두 사람은 깜짝 놀라 펄쩍 뛰었다.

"현미경! 그래 현미경이야!" 우체국장이 뭔가 묘안이 떠오른 듯 외쳤다.

경찰에서 일하는 과학자 에드몽 로카르는 말쑥하게 차려 입은 중년의 은행 지점장처럼 보였다. 그는 우체국장의 이야기를

들으면서 안경을 쓱쓱 닦더니 손가락 끝을 가지런히 하고 들여다보았다. 마치 깨끗하게 잘 다듬은 손톱을 자랑하려는 듯이.

"음, 아주 재미있는 사건이군요. 모든 우체국 직원의 옷을 걷어 가서 현미경으로 분석해 봐야겠군요." 로카르가 말했다.

며칠 뒤, 로카르는 결정적인 단서를 찾기 위해 현미경을 들여다보고 있었다. 그는 뭔가 발견한 듯한 표정으로 초점 조절 나사를 이리저리 돌리더니, 깨알처럼 작은 글씨로 보고서에 뭔가 적었다.

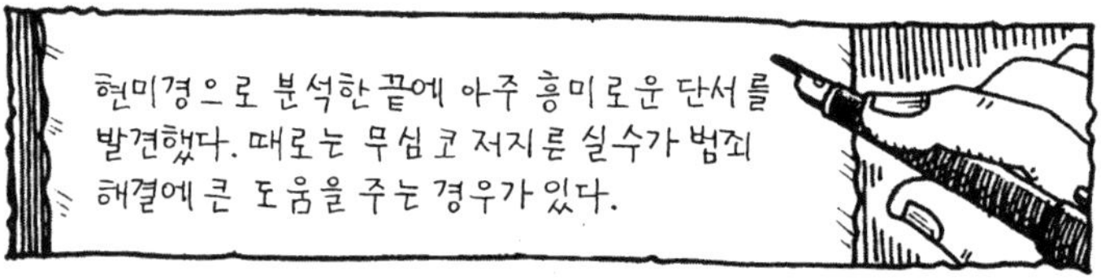
현미경으로 분석한 끝에 아주 흥미로운 단서를
발견했다. 때로는 무심코 저지른 실수가 범죄
해결에 큰 도움을 주는 경우가 있다.

과연 로카르가 발견한 결정적 단서는 무엇이었을까?

a) 변기에서 도둑의 옷에 옮겨 붙은 세균.

b) 화장실에서 발견된 실오라기와 일치하는 옷의 실.

c) 천장에서 떨어진 회반죽 부스러기.

d) 봉투에서 떨어진 아주 작은 종이 섬유.

답 : c). 도둑은 옷을 잘 털었지만, 아주 작은 회반죽 부스러기가 남아 있었다. 변기에 세균이 있었다 하더라도, 변기에 앉은 모든 사람에게 옮겨질 수 있기 때문에 이것은 증거가 될 수 없다. 또 모든 우편 집배원이 똑같은 제복을 입고 있기 때문에 실오라기도 증거가 될 수 없다. 종이 섬유는 봉투를 만졌다는 증거가 될 수는 있어도, 돈을 훔쳤다는 증거는 될 수 없다.

나도 법의학자가 될 수 있을까?

불안해할 것 없다. 학교 화장실 천장에서 아래를 감시하라고 하진 않을 테니까. 대신에 다음의 간단한 실험을 해 보라.

직접 해 보는 실험 : 섬유를 채취하는 방법

준비물 :

접착 테이프

실험 방법 :

접착 테이프를 카펫 위에다 갖다 댄 다음, 들어 올린다.

무엇을 발견했는가?

답 : 테이프에는 카펫의 섬유가 묻어 있을 것이다. 이것을 현미경으로 관찰하면 된다. 운이 좋다면 머리카락이나 개와 고양이의 털도 발견할 수 있다. 법의학자가 범죄 현장에서 섬유를 채취할 때에도 바로 이와 같은 방법을 사용한다. 용의자의 옷에서 그것과 똑같은 섬유가 발견되면, 용의자가 그 현장에 있었다는 증거가 된다.

마법의 현미경

다음 그림은 팬티 두 장에서 잘라 낸 폴리에스테르와 무명 천이다.

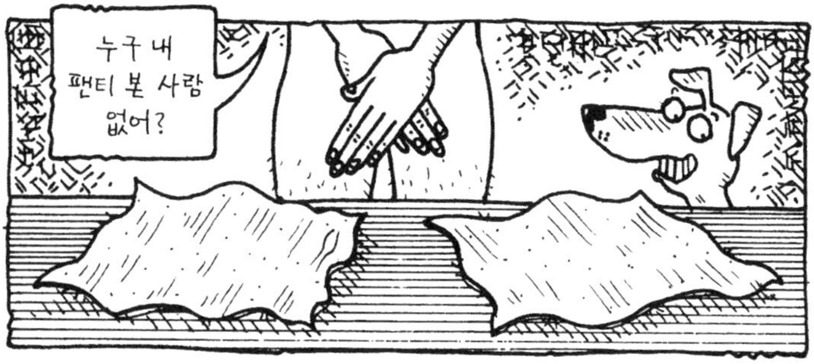
누구 내
팬티 본 사람
없어?

겉으로 보기에는 똑같아 보이지? 그렇지만 마법의 현미경으로 보면……

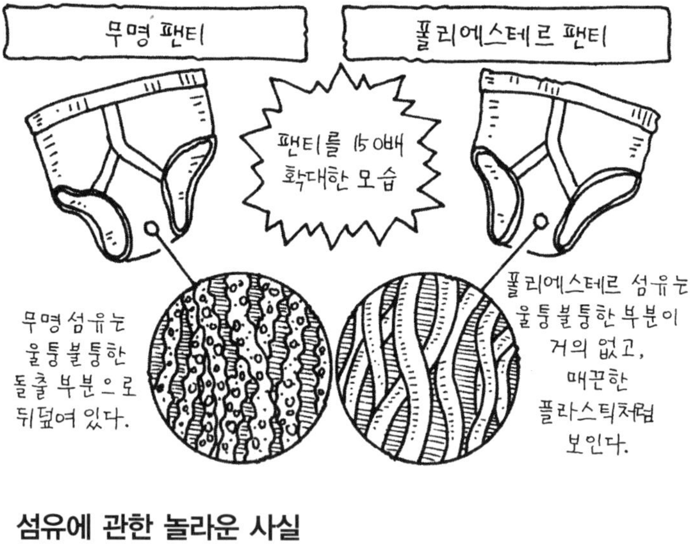
무명 팬티
폴리에스테르 팬티
팬티를 150배
확대한 모습
무명 섬유는
울퉁불퉁한
돌출 부분으로
뒤덮여 있다.
폴리에스테르 섬유는
울퉁불퉁한 부분이
거의 없고,
매끈한
플라스틱처럼
보인다.

섬유에 관한 놀라운 사실

1. 무명은 목화에서 씨를 제거하고 남은 목화솜을 자아 만든 실인데, 표면이 매끄럽지 않고 거칠거칠하다. 폴리에스테르 섬

유는 플라스틱 물질을 관을 통해 뽑아낸 것이기 때문에, 표면이 매끈하고 모양이 일정하다.

2. 우리가 본 것은 깨끗한 팬티였다. 만약 더러운 팬티를 현미경으로 본다면, 소름끼치는 것들이 잔뜩 보일 것이다. 섬유는 갈색 물질 덩어리와 콘플레이크 같은 것이 군데군데 붙어 있는 국수 가닥처럼 보일 것이다. 갈색 물질의 정체가 무엇이냐 하면…… 아니다! 여러분이 생각하는 그게 아니다! 그것은 바로 더러운 때 조각이고, 콘플레이크 같은 것은 죽은 피부 조각이다.

3. 여러분이 입고 있는 청바지를 자세히 보면, 하얀 점 같은 게 곳곳에 보일 것이다. 실제로 청바지를 이루는 실 중 약 절반은 흰색이다! 파란색 실은 인디고(검푸른 물감의 종류)로 염색한 것인데, 만약 청바지의 모든 실을 파란색으로 사용한다면, 청바지는 아주 새파란 색을 띨 것이다. 흰색 실을 섞었기 때문에 청바지는 빨래를 해 색이 바랜 것처럼 보인다.

4. 모직 제품에 쓰이는 양모는 양털로 만든 것이다. 오, 이건 알고 있다고? 양털은 머리카락과 마찬가지로 케라틴(각질)이라는 물질로 이루어져 있다. 현미경으로 1000배 확대된 모습을 보면, 머리카락에 보도 블록 같은 것들이 촘촘히 박혀 반짝이고 있는 걸 볼 수 있다.

과학자들이 내 털을 정밀 분석하겠대.
어떡하지? 벼룩이 우글댈 텐데!

★ 요건 몰랐을걸!

법의학자 외에도 암석이나 금속 등의 물질을 자세히 분석하는 전문가들이 아주 많다.

암석이나 금속 같은 따분한 것을 자세히 들여다보길 좋아하는 사람이라면 두건 달린 수도복 같은 것을 입고, 두꺼운 안경을 쓴 고리타분한 사람이 아닐까?

여러분 생각이 맞다!

자, 여기 어물쩡 군을 소개한다.

안녀엉?

현미경은 물질을 자세히 관찰하는 데 아주 편리한 도구죠. 공장에서 품질 검사를 할 때, 금속을 이루고 있는 결정들 사이의 균열을 검사하는 데에도 사용되죠.

금속 결정을 연구하는 데 현미경을 처음 사용한 과학자는 헨리 소비(1826~1908)였다. 소비가 휴일을 즐겁게 보내는 방법은 요트를 타고 해안을 둘러보면서 강으로 흘려보낸 오물이 바닷물과 만나 어떻게 되는지 조사하는 것이었다(그는 영국 정부가 설치한 템스 강 위원회의 부탁을 받고 이 일을 했다). 그렇지만 그는 머리가 아주 좋았던 것 같다. 독학으로 과학을 공부했고, 또 자신의 목표를 이렇게 말한 적도 있기 때문이다.

시험에서 좋은 점수를 얻는 것이 아니라, 독창적인 연구를 할 수 있는 자질을 갈고 닦는 것이다.

뭐 용기가 있다면, 선생님에게 이렇게 이야기해 보라. 말리진 않겠다!

실제로 현미경으로 물질을 연구하는 것은 정말 재미있다. 다음 글을 보면 알 것이다.

물질에 관한 깜짝 퀴즈

현미경이 필요한 흥미로운 일을 몇 가지 소개하겠다. 퀴즈를 더 재미있게 만들기 위해 그중 현미경이 전혀 필요 없는 일도 하나 집어넣었다. 그것이 어떤 것인지 찾아내 보라.

1. 비행기 사고의 원인을 조사하는 일.

어서 현미경을 꺼내 와요!

2. 해저 바닥에서 암석을 연구하는 일.

우와! 굉장해!

3. 다이아몬드의 품질을 검사하는 일.

다음!

4. 순금에 다른 금속이 섞이지 않았는지 검사하는 일.

이건 순금이 아니오!
은과 구리가 섞여 있는
싸구려 합금이오.

답 : 2. 바다 밑에서 현미경을 들여다보기란 매우 어렵다. 게다가 바다 깊은 곳에는 빛이 없어 앞을 보기도 어렵다. 차라리 암석을 물 위로 가져와 연구하는 편이 나을 것이다.

나머지는 모두 진실이다.

1. 비행기 사고 조사에는 기체 잔해에서 사고 직전에 일어난 변형 때문에 생긴 균열이나 흔적을 찾는 일도 포함된다. 이것은 사고의 원인을 밝히는 데 도움이 된다.

3. 현미경으로 보면 다이아몬드를 얼마나 정교하게 잘랐는지 볼 수 있다. 만약 다이아몬드를 구할 능력이 안 된다면, 대신에 소금 결정을 연구하면 된다. 소금 결정은 한 변의 길이가 60마이크로미터쯤 되는 정육면체 모양을 하고 있다. 그렇지

만 식사 시간에 이렇게 했다간 부모님에게 호통을 들을 것이다.

4. 다른 금속과 마찬가지로 금도 촘촘하게 배열된 결정들로 이루어져 있다. 결정 모양을 보고 그것이 금인지 아니면 싸구려 금속인지 알 수 있다.

그런데 현미경을 사용하는 과학자는 그 밖에도 많이 있다. 현미경은 아주 작은 식물이나 벌레를 연구하는 과학자들에게는 필수 도구다. 이 생물들은 비록 크기는 작을지언정 끔찍한 습성만큼은 큰 생물보다 절대로 뒤지지 않는다!

자, 그 끔찍한 비밀을 들여다볼 마음의 준비가 되었는가?

스멀스멀!
스르륵!
질질!
꿈틀!
어기적!
미끌!

스멀스멀! 바스락! 꿈틀!

공포의 작은 괴물들

아주 작은 식물과 벌레를 현미경으로 자세히 들여다보며 연구한 최초의 사람은 누구일까? 그 사람은 아주 추하게 생긴 곱사등이 난쟁이였다. 너무 심한 표현이 아니냐고? 그의 친구들이 쓰던 표현을 그대로 옮긴 것이다. 그의 적들은 그에게 큰 원한을 품은 아주 냉혹한 사람들이었던 것 같다.

명예의 전당 : 로버트 훅(Robert Hooke; 1635~1703)

국적 : 영국

훅은 못생긴 난쟁이처럼 생겼고, 그의 취미는 뉴턴 같은 위대한 과학자를 비방하는 나쁜 소문을 퍼뜨리는 것이었다.

뉴턴? 흥! 그 광대 같은 녀석? 그 녀석 머릿속에 도대체 뇌가 있는지 내 현미경으로 한번 들여다보시지! 그리고 그 우스꽝스럽기 짝이 없는 사과 이론 말이야…. 중얼중얼… 나불나불….

그렇지만 훅은 한편으로 아주 뛰어난 과학자였다. 그는 직접 현미경을 만들어 여러 가지 물체를 관찰했고, 그것들을 역겨운 그림으로 그려 《현미경 도보》라는 책으로 펴냈다. 레이우엔훅도 이 책에 홀딱 빠졌는데, 그는 영어를 읽을 줄은 몰랐지만 그림 보는 건 아주 좋아했다.

우리는 이 책을 위해 로버트 훅을 직접 모셔 와서 그의 말을 들어 보기로 했다. 그러니까 무덤에서 그를 다시 파내 자신이 이룬 업적을 직접 이야기하게 해 보자.

죽은 과학자와의 인터뷰 : 로버트 훅

저 시계 맞는 거야? 내가 얼마나 오래 묻혀 있었던 거야?
로버트 훅의 묘
아하! 여기 내가 그렇게 자랑하고 아끼던 현미경이 있군. 음, 나의 놀라운 재주와 천재적인 솜씨에 감탄해도 좋아. 알다시피, 순전히 나 혼자서 만든 거라니까!
오, 제발 빨리 좀 해요!
독자 여러분, 죄송! 로버트 훅은 아주 자만심이 강하고 잘난 체하기 좋아하는 사람이었다.
빛은 이 기름 램프가 제공하고, 유리공은 빛을 밝게 해 표본을 놓는 재물대 위에다 초점을 맞추어 주지.
기름
불꽃
유리공
렌즈
표본을 향하고 있는 렌즈
훅이 사용한 렌즈는 레이우엔훅이 사용한 것보다 질이 낮았다. 그래서 레이우엔훅이 본 것 중 보지 못한 것이 많다.
나는 접안렌즈를 통해 들여다보면 되지.

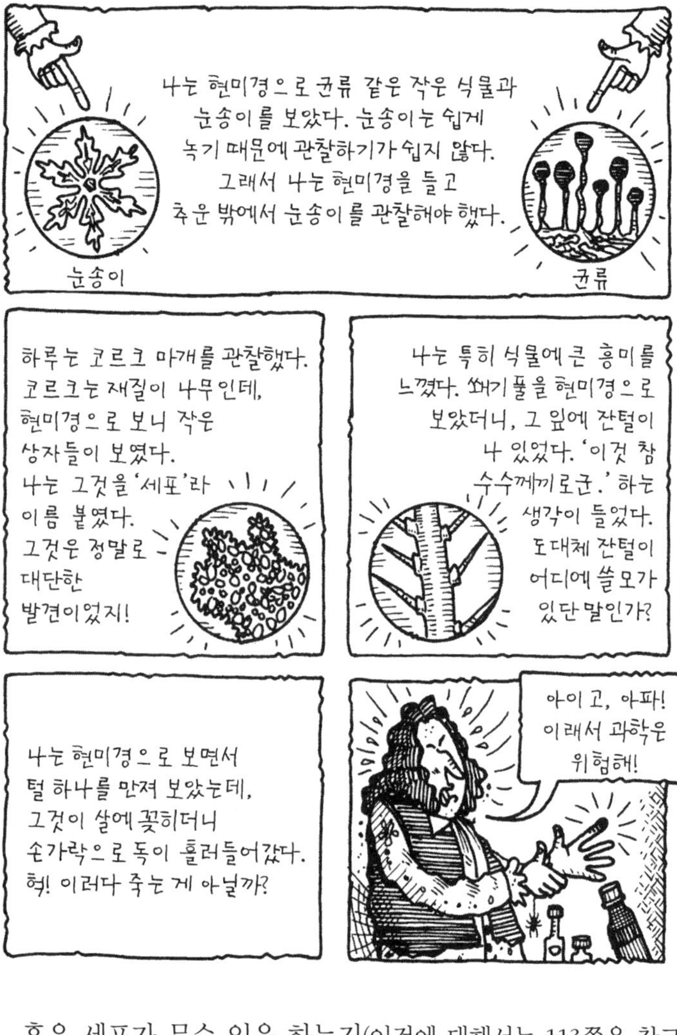
나는 현미경으로 균류 같은 작은 식물과
눈송이를 보았다. 눈송이는 쉽게
녹기 때문에 관찰하기가 쉽지 않다.
그래서 나는 현미경을 들고
추운 밖에서 눈송이를 관찰해야 했다.
눈송이
균류
하루는 코르크 마개를 관찰했다.
코르크는 재질이 나무인데,
현미경으로 보니 작은
상자들이 보였다.
나는 그것을 '세포'라
이름 붙였다.
그것은 정말로
대단한
발견이었지!
나는 특히 식물에 큰 흥미를
느꼈다. 쐐기풀을 현미경으로
보았더니, 그 잎에 잔털이
나 있었다. '이것 참
수수께끼로군.' 하는
생각이 들었다.
도대체 잔털이
어디에 쓸모가
있단 말인가?
나는 현미경으로 보면서
털 하나를 만져 보았는데,
그것이 살에 꽂히더니
손가락으로 독이 흘러들어갔다.
헉! 이러다 죽는 게 아닐까?
아이고, 아파!
이래서 과학은
위험해!

훅은 세포가 무슨 일을 하는지(이것에 대해서는 113쪽을 참고하라) 정확하게 이해하지 못했지만, 그래도 세포를 발견한 것만 해도 대단한 업적이었다. 나중에 훅이 벌레를 연구한 이야기도 하겠지만, 여기서는 균류와 그 밖의 끔찍한 작은 식물에 대해서만 이야기하기로 하자.

아주 작은 괴물들에 관한 진상 조사 X-파일

이름 : 아주 작은 식물

기초 사실 : 아주 작은 식물은 크게 다음과 같이 나눌 수 있다.

1. 균류(菌類) – 곰팡이, 효모 등.
2. 조류(藻類) – 연못에 떠다니는 끈적끈적한 녹색 물질.
3. 지의류 – 이것은 실제로 균류와 조류가 공생 관계를 맺어 살아간다. 남극 대륙처럼 생활 환경이 아주 나쁜 곳에 많이 산다.

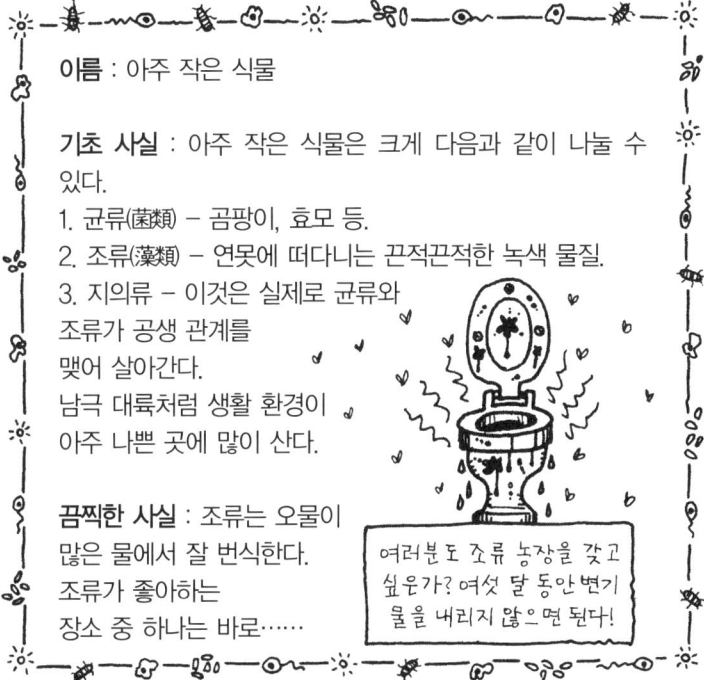

여러분도 조류 농장을 갖고 싶은가? 여섯 달 동안 변기 물을 내리지 않으면 된다!

끔찍한 사실 : 조류는 오물이 많은 물에서 잘 번식한다. 조류가 좋아하는 장소 중 하나는 바로……

귀여운 조류?

어떤 과학자는 조류에게 나름대로 매력이 있다고 생각한다. 특히 현미경으로 볼 때 살아 있는 진흙 덩어리처럼 생긴 아주 작은 조류를 매력이 있다고 여긴다. 우리는 그들의 말을 곧이곧대로 믿고 세계 최초로 애완 조류 가게를 열기로 했다.

저자의 잔소리

아, 물론 '애완동물'이라는 말은 털이 복슬복슬 난 귀여운 동물을 부르는 말이고, 애완 식물이나 애완 조류라는 말은 쓰지 않는다. 그렇지만 혼자 힘으로 헤엄을 치며 돌아다니는 '식물'을 보면, 그게 동물인지 식물인지 몹시 헷갈린다.

애완 조류 가게
고독한 과학자이신가요?
당신이 최근에 개발한 과학 이론을
졸지 않고 들어 줄 작은 친구가
필요하신가요?
그렇다면 다른 데를
찾을 필요가 없습니다!
주문하시려면 저희에게
전화를 주시고,
돈만 보내 주시면 됩니다!
꿈틀!
스르르!
미끌!
주의 사항
조류는 몸이 둘로 쪼개지는 분열법으로 번식합니다. 그러니 그 수가 엄청나게 많이 불어나 끈적끈적한 덩어리로 물을(그리고 그 속에 빠질 경우 여러분까지도) 오염시키기 전에 애완 조류를 먹어치울 작은 동물을 기르는 게 좋을 것입니다.

1. 뿔말

생김새 : 집에서 만든 크리스마스 장식물이 실패작이 된 것 같은 모양.

야호!

크기 : 0.5mm

귀여운 점 : 다른 작은 동물의 공격을 막기 위한, 단도처럼 생긴 긴 뿔.

먹이 : 먹이는 주지 않아도 됨. 스스로 햇빛과 공기 중에 있는 이산화탄소를 이용해 당류를 만들어 영양분으로 사용하니까.

모르는 사람을 위해 굳이 말하자면, 그 과정을 '광합성'이라 부른다.

특별한 점 : 뾸말을 온도계로 쓸 수도 있다. 물이 따뜻할수록 뿔을 바깥쪽으로 더 많이 벌린다. 이 성질을 잘 이용하면 목욕물의 온도가 충분히 따뜻한지 알 수 있을 것이다.

2. 규조류

생김새 : 표현 불가! 그냥 귀엽지 않은가?

오! 정말
그렇게 생각해?

크기 : 0.2mm

귀여운 점 : 빛을 비추면 밝게 빛난다. 몸 안쪽은 투명하고, 그 바깥에는 실리카(모래와 유리의 구성 성분)로 이루어진 딱딱한 상자처럼 생긴 몸이 둘러싸고 있기 때문이다.

먹이 : 광합성을 함.

여러분의 애완 뿔말이나 규조류가 너무 많이 번식하는 것을 막고 싶다면, 식물처럼 보이는 동물을 키우는 게 어떨까? 이 동물은 아주 사납고 괴상하다…….

3. 무시무시한 히드라

생김새 : 초록색 고무장갑.

크기 : 1.25cm

으아악!
아야!

귀여운 점 : '손가락' 에 실처럼 생긴 가시가 달려 있는데, 이것으로 근처에 오는 생물을 찔러 죽인다. 엥? 그러고 보니 이건 전혀 귀여운 점이 아니네!

먹이 : '손가락' 으로 먹이를 붙잡아 입속으로 보낸다.

아무거나 먹어치우는 균류

음, 조류가 마음에 들지 않는단 말이지? 그렇다면 균류가 마음에 들지 모르겠다. 현미경으로 500배 확대시킨 모습을 보면 균류는 흑인처럼 곱슬곱슬한 머리카락을 가진 벌레 같아 보인다. 그렇지만 먹이를 먹는 방식은 별로 마음에 들지 않을지 모르겠다. 어떤 거냐고? 서두르지 마라. 곧 알게 될 테니까…….

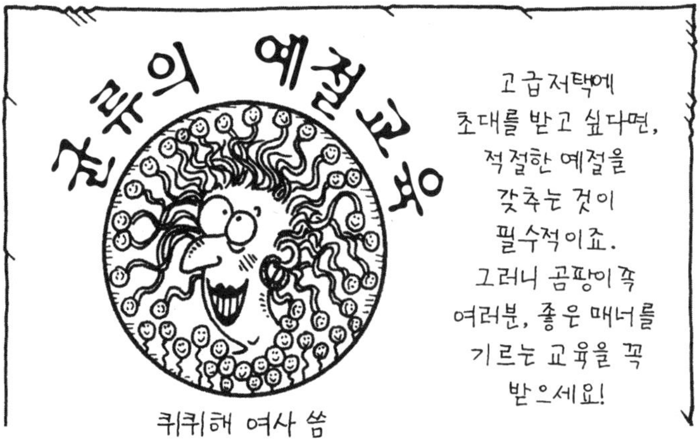
균류의 예절교육
고급저택에
초대를 받고 싶다면,
적절한 예절을
갖추는 것이
필수적이죠.
그러니 곰팡이 족
여러분, 좋은 매너를
기르는 교육을 꼭
받으세요!
킈킈해 여사 씀

식사 예절

우리 균류에게 먹는 건 아주 중요하죠! 그러니 기회가 되는 대로 최대한 많이 먹도록 해요(식사 후에 트림을 하는 건 괜찮아요).

오물오물!
쩝쩝!
찹찹!
냠냠!
꺼억!

꺼억!

절대로 해서는 안 되는 행동 4가지

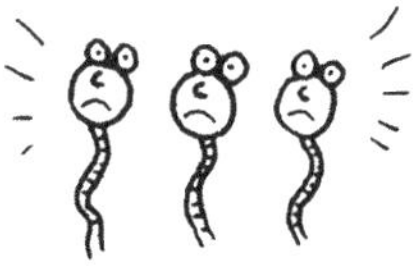

- 먹기 전에 허락 구하기.
- "고맙습니다."라고 말하기.
- 음식을 더 달라고 부탁하기 – 그냥 직접 가서 퍼 먹으면 됨!
- 식탁에서 일어나기(식사를 다 하지도 않고).

항상 꼭 해야 할 일 2가지

- 어떤 것이든지 먹어치우기. 벽지에 붙은 풀이나 페인트에 포함된 금속, 나무, 회반죽 등 가리지 말 것! 음식을 가리는 균류는 매너가 좋지 않은 것으로 간주됨.
- 세균 쫓아내기. 가장 좋은 방법은 대부분의 세균을 죽이는 물질을 뿜어내는 것인데, 이산화탄소나 시안화수소 같은 게 좋음. 그렇다니까요! 조금도 주저하지 말고 깡그리 죽여 없애세요! 초대한 주인은 당신의 사려 깊은 행동을 칭찬할 것입니다.

아악!

균류에 관한 놀라운 사실

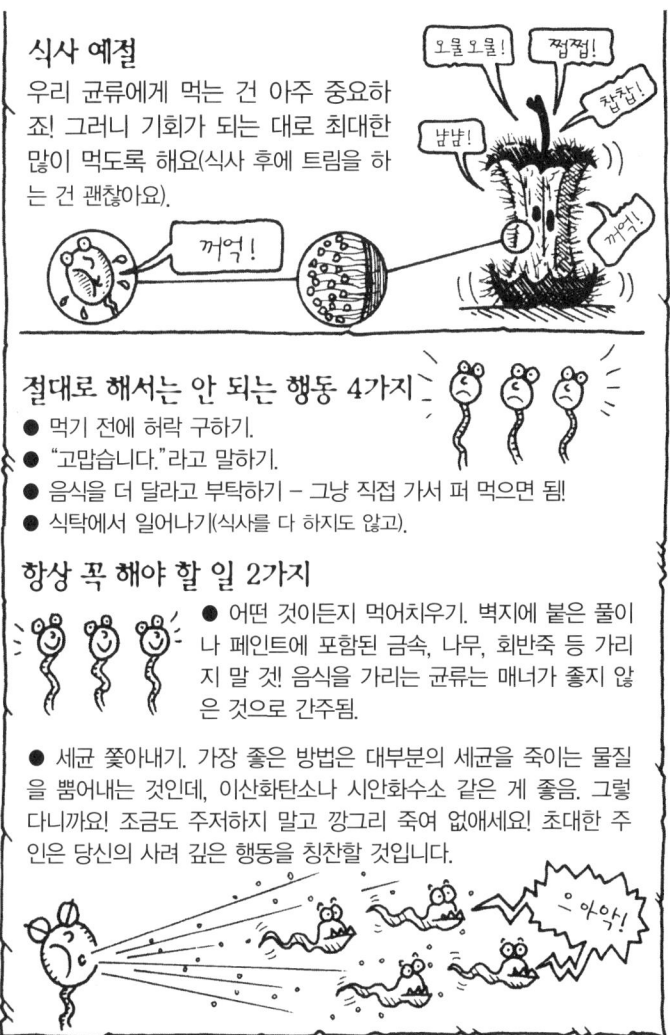

1. 균류에 속하는 곰팡이는 여러분 집 안에 있는 나무를 모두 먹어치운다. 곰팡이는 습기가 많은 곳에서 잘 생기며, 벽이나 마루처럼 마른 지역까지 퍼져 간다. 이것을 막는 유일한 방법

은 그 부분을 잘라내 버리는 것뿐이다.

2. 곰팡이는 어떤 적도 물리친다. 먹이를 흡수하는 관은 키틴질로 덮여 있는데, 키틴질은 곤충의 몸을 보호하는 딱딱한 껍데기를 이루는 물질이다. 딱정벌레의 딱딱한 갑옷 보았지?

우리 갑옷은 아주 딱딱한 물질로 만들어져 있어!
그게 키틴질이야!
곰팡이란 괴물은 주둥이가 키틴질이래!

3. 곰팡이는 독소를 아주 약간 만들어 내는데, 사람에게는 해가 없다(대개는). 그런데 1920년대 이전에는 치명적인 독인 비소를 페인트에 섞어 사용했다. 그러자 곰팡이가 페인트를 먹고, 마늘 냄새가 나는 비소 기체를 뿜어 대는 바람에 사람이 죽은 경우도 있었다.

어때, 아주 흥미롭지? 그렇지만 흥을 깨기 좋아하는 여러분 가족은 여러분이 방에다 곰팡이를 키우지 못하게 할 것이다. 그렇다면 대신에 현미경으로 벌레를 연구해 보는 게 어때? 이 장의 나머지 부분에서는 현미경으로 봐야만 볼 수 있는 아주 작은 벌레들에 대해 이야기할 것이다. 이 벌레들 중에 미인 대회에 나갈 만한 것은 하나도 없고, 그 습성도 징그럽기 짝이 없다. 여러분은 과연 이 벌레들을 만날 용기가 있을까?

벌레들의 나쁜 습성 1 : 무임승차

1. 많은 벌레가 자기 몸 위에 길이가 0.2mm도 안 되는 아주 작은 벌레들을 태우고 다닌다. 꿀벌진드기는 꿀벌에 달라붙어 살아간다.

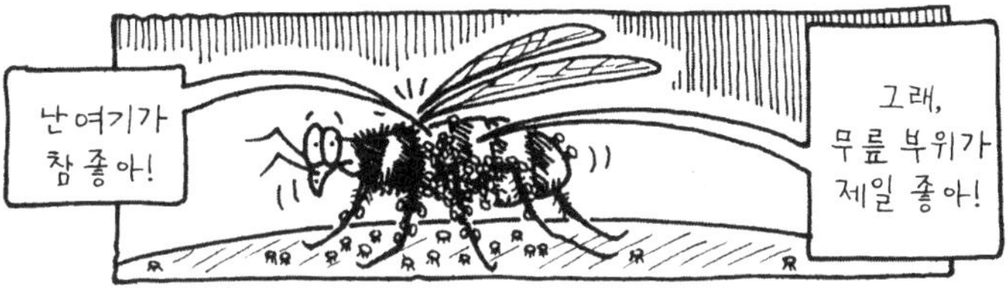
난 여기가
참 좋아!
그래,
무릎 부위가
제일 좋아!

그렇지만 꿀벌진드기는 그다지 심각한 해를 입히지는 않는다.

2. 깃털진드기는 새에 달라붙어 살아간다. 멕시코앵무새의 몸에는 약 30종의 깃털진드기가 들러붙어 살아간다. 이들은 해어진 깃털이나 죽은 피부 부스러기를 먹고 살아간다.

3. 개벌레는 파리 털에 들러붙어 무임승차한다. 하늘을 나는 생활이 지겨워지면 독이 든 집게발로 파리의 몸을 푹 찌르고 살을 파먹음으로써 파리를 땅으로 내려가게 한다.

그래, 개벌레를 아주 크게 확대한 모습을 보는 게 두렵지 않다고? 그렇다면 그 생생한 모습을 한번 감상해 보기로 하자.

마법의 현미경 : 흙 속에 사는 벌레들

흙 속에는 수많은 벌레들이 살고 있는데, 그중에서 가장 흔한 두 종류를 소개하겠다.

여러분이 할 일은 잘 알고 있겠지? 바로 아래의 원을 자세히 관찰하는 것!

아무것도 보이지 않는다면, 다음 페이지를 보라. 이 망원경은 정말로 마법의 힘을 지닌 것 같다! 정말로 벌레의 모습이 보이지 않는가!

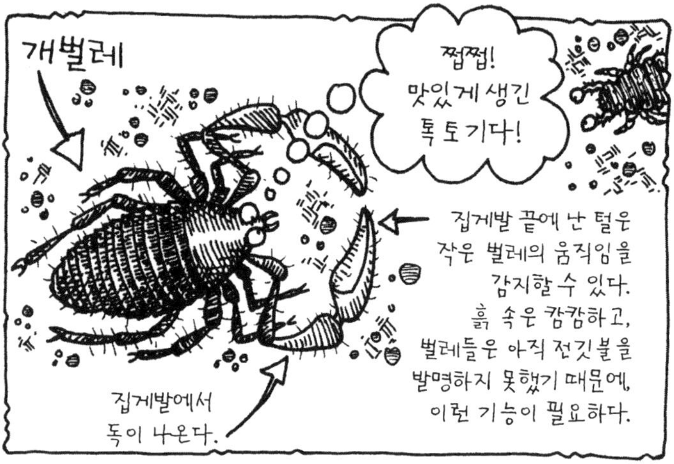
개벌레
쩝쩝! 맛있게 생긴 톡토기다!
집게발 끝에 난 털은 작은 벌레의 움직임을 감지할 수 있다.
흙 속은 캄캄하고, 벌레들은 아직 전깃불을 발명하지 못했기 때문에, 이런 기능이 필요하다.
집게발에서 독이 나온다.

개벌레는 톡토기를 잡아먹는다(톡토기는 꼬리 끝에 일종의 용수철이 달려 있어 톡톡 잘 튄다).

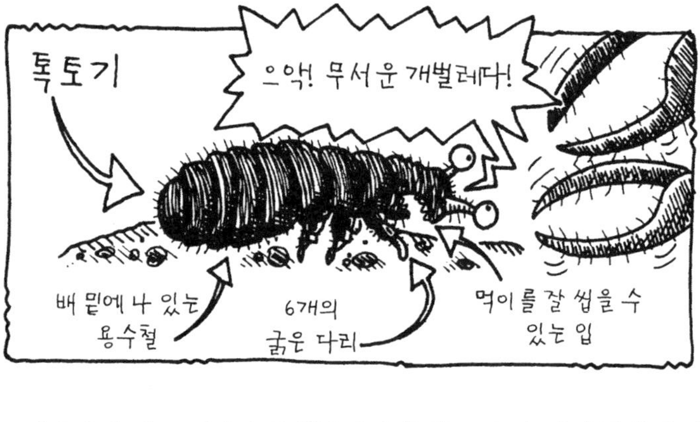
톡토기
으악! 무서운 개벌레다!
배 밑에 나 있는 용수철
6개의 굵은 다리
먹이를 잘 씹을 수 있는 입

여기까지 본 소감은? 벌레들의 흉측한 모습과 잔인성에 충격과 경악을 금치 못하겠다고? 물론 그럴 것이다. 이번에는 피를 빨아먹는 아주 잔인한 벌레들을 현미경으로 보여 주겠다. 아마 이런 기회는 다시 만나기 힘들걸?

벌레들의 나쁜 습성 2 : 피 빨기

뱀파이어 따위는 싹 잊어버려라. 여기 나오는 벌레들에 비하면 드라큘라 백작은 채식주의자로 보일 것이다.

1. 예를 들어 벼룩을 보라!

오, 제발 좀 떨어져!
긁적긁적!

동물의 종류에 따라 벼룩의 종류도 각각 다르다. 개벼룩과 쥐벼룩이 있는가 하면, 아르마딜로벼룩, 고슴도치벼룩도 있다. 그런데 재미있게도 고슴도치벼룩 위에 붙어사는 더 작은 동물이 있다. 아주 작은 진드기가 벼룩의 비늘 밑에 숨어 살아간다.

2. 새끼벼룩은 너무 작아서 피를 빨 수 없지만, 그렇다고 굶어 죽지는 않는다. 새끼는 부모의 똥을 먹고 사는데, 그 똥에는 소화된 피가 풍부하게 들어 있다. 부모 입장에서야 따로 음식을 준비하지 않아도 좋지만, 여러분이라면 아빠의 똥을 맛있게 먹겠는가?

3. 벼룩 중에는 모래벼룩이라는 종류가 있는데, 이 녀석은 사람의 발가락 사이에 알을 낳는다. 암컷은 알을 낳기 위해 피부에 구멍을 뚫으면서 피를 빨아먹는데, 이때 세균이 몸속으로 들어가 패혈증을 일으킬 수 있다.

★ 요건 몰랐을걸!

1. 300년 전 사람들은 목 주위에 일종의 벼룩잡이 덫을 둘렀다. 그 덫은 벼룩이 들어갈 수 있는 구멍이 뚫린 통이었는데, 그 안에 끈끈이 막대가 있어 벼룩이 다시 밖으로 나오지 못하게 했다. 스웨덴의 크리스티나 여왕은 다른 방법을 발명했는데, 길이 10cm의 소형 대포로 벼룩을 날려 버리는 것이었다.

고마워요,
여왕님!

2. 빅토리아 시대의 괴짜 과학자 프랭크 버클런드는 벼룩을 좋아했다. 그는 벼룩을 훈련시키는 방법을 개발하느라 20년을 보냈고, 심지어는 벼룩이 끌 수 있는 모형 배를 만들기까지 했다. 그리고 밤마다 신선한 자기 피로 벼룩을 먹였다고 한다.

지저분한 실험

로버트 훅 역시 피를 빨아먹는 벌레인 이를 가지고 역겨운 실험을 했다. 그는 자신의 손에서 빤 피가 이의 투명한 몸속으로 들어가는 것을 현미경으로 관찰했다. 그러곤 이렇게 말했다지.

나는 그 주둥이에서
피의 흐름이 곧장
뱃속으로 쏟아져
들어가는 것을 분명히
볼 수 있었다.
쭉쭉!

아마도 이는 이 괴상한 남자가 왜 자기가 밥 먹는 걸 빤히 쳐다보고 있는지 이상하게 생각했을 것이다.

★ 요건 몰랐을걸!

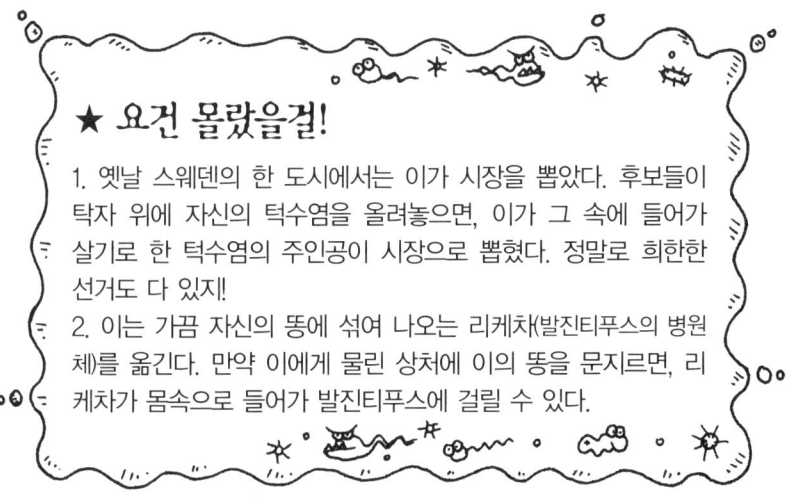

1. 옛날 스웨덴의 한 도시에서는 이가 시장을 뽑았다. 후보들이 탁자 위에 자신의 턱수염을 올려놓으면, 이가 그 속에 들어가 살기로 한 턱수염의 주인공이 시장으로 뽑혔다. 정말로 희한한 선거도 다 있지!

2. 이는 가끔 자신의 똥에 섞여 나오는 리케차(발진티푸스의 병원체)를 옮긴다. 만약 이에게 물린 상처에 이의 똥을 문지르면, 리케차가 몸속으로 들어가 발진티푸스에 걸릴 수 있다.

우연의 일치인지 다음 장에서는 무시무시한 미생물을 만나게 될 것이다. 음, 내가 우연의 일치라고 말했던가? 아주 작은 세계에서는 우연의 일치라고 할 수 있겠지!

무시무시한 미생물

모든 것이 보이지 않게 되고, 대신에 우리 눈에 보이지 않던 미생물이 빛을 내기 시작한다고 상상해 보자. 나무, 집, 사람, 학교 급식, 개똥 등 모든 것의 모습이 사라지지만, 그래도 그것들이 있는 장소는 알 수 있다. 이 물체들의 표면이 미생물로 덮여 있어 그 윤곽이 유령처럼 빛날 것이기 때문이다. 그렇다! 모든 물체는 꼬물거리는 아주 작은 괴물들로 뒤덮여 있다!

아주 작은 괴물들에 관한 진상 조사 X-파일

이름 : 미생물

기초 사실 : 미생물의 종류는 크게 세균, 원생동물, 바이러스가 있다.

1. 세균 – 다음 페이지를 보라.

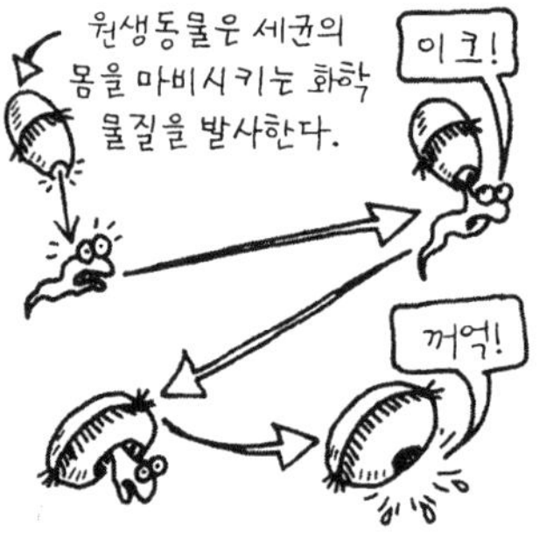
원생동물은 세균의 몸을 마비시키는 화학 물질을 발사한다.
이크!
꺼억!

2. 원생동물은 움직이거나 세균을 잡아먹으면 모양이 변한다. 만약 여러분의 몸이 아주 작다면, 절대로 원생동물과 함께 밥을 먹자고 하지 마라!

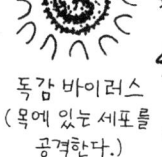

독감 바이러스 (목에 있는 세포를 공격한다.)

3. 바이러스는 세균이나 원생동물보다 훨씬 작기 때문에, 그 모습을 보려면 전자현미경을 사용해야 한다. 바이러스의 구조는 기본적으로 DNA 뭉치다(만약 DNA가 뭔지 기억이 나지 않는다면 48쪽으로 돌아가라).

끔찍한 사실 : 이 세 종류의 미생물은 모두 끔찍한 질병을 일으킬 수 있다.

1. 세균은 이질, 콜레라, 폐결핵 같은 전염병의 원인이 된다.

에취!!

뻘뻘!

2. 원생동물은 말라리아를 일으킨다. 말라리아는 모기를 통해 전염되는 무서운 병이다.

노릇노릇!

3. 바이러스는 세포 속으로 뚫고 들어가 세포에게 새로운 바이러스를 마구 만들어 내게 한다. 결국 세포는 기진맥진해 죽는다. 바이러스가 옮기는 질병으로는 황열병과 감기가 있다.

〈앗, 이렇게 재미있는 과학이!〉
과학 질문 시간
최고의 과학자인 잘났어 교수가 세균에 관한 어떤 질문에도 대답해 드립니다!
박테리아가 뭐예요?
박테리아(bacteria)는 박테리움(bacterium)의 복수형이야. 그 뜻은 세균이고 말이야.

누가 그걸 물었어요? 그럼, 세균은 무엇인가요?
아주 작은 미생물을 가리키지. 종류는 수천 종이 넘는데, 모두 대체로 같은 특징을 갖고 있어.
몸이 마르는 것을 막기 위한 세 겹의 끈적끈적한 바깥 껍질층
DNA가 들어 있는 세포핵
세균은 물속에서 꿈틀거리면서 이동하지. 그래서 물을 좋아해. 어떤 세균은 '편모'라는 채찍처럼 생긴 꼬리를 흔들면서 나아가지. 또 몸에 난 '섬모'라는 잔털을 움직이면서 나아가는 종류도 있어.
꿈틀!
꼼질꼼질!

세균은 종류에 따라 모양과 크기가 천차만별이다. 둥근 모양, 막대 모양, 레몬 모양, 복숭아 모양, 코르크마개뽑이 모양, 사각형, 쉼표 모양 등등 온갖 모양이 다 있다.

그렇지만 세균은 크기가 아주 작아서 작은 성냥통 하나에 수천만 마리도 충분히 집어넣을 수 있다. 만약 여러분의 몸이 그 정도로 작다면, 식탁의 길이가 640km나 되는 것처럼 보이고, 학교까지 가려면 평생 걸려도 도착하지 못할 것이다!

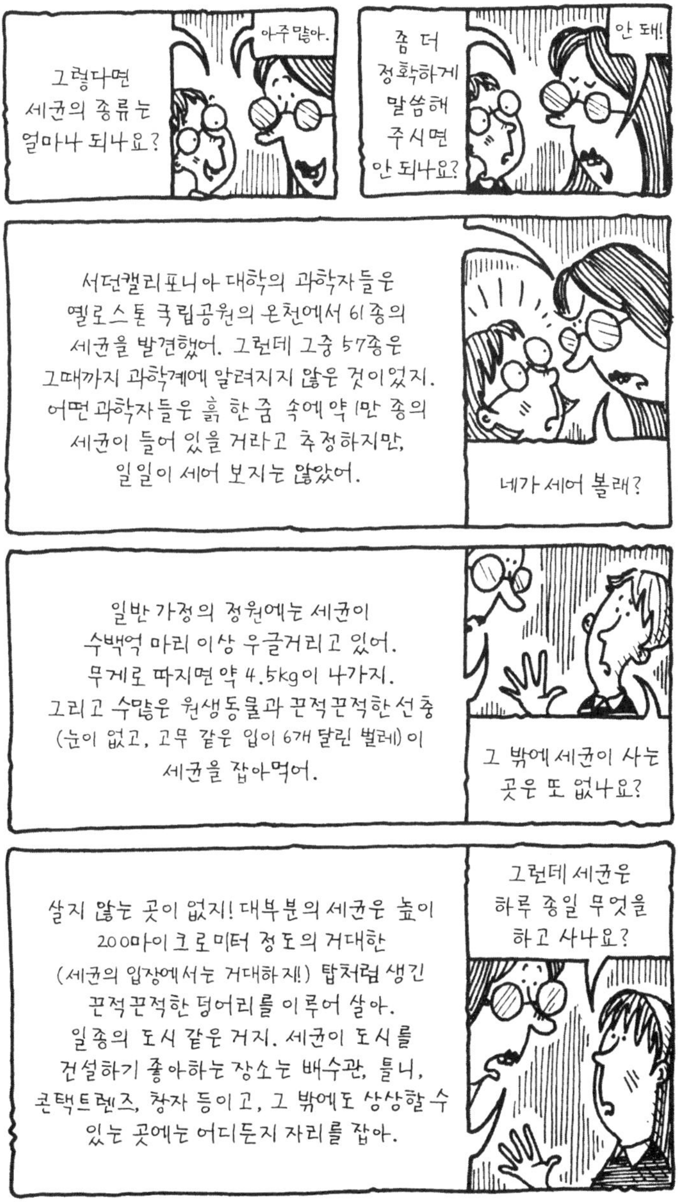
그렇다면
세균의 종류는
얼마나 되나요?
아주 많아.
좀 더
정확하게
말씀해
주시면
안 되나요?
안 돼!
서던캘리포니아 대학의 과학자들은
옐로스톤 국립공원의 온천에서 61종의
세균을 발견했어. 그런데 그중 57종은
그때까지 과학계에 알려지지 않은 것이었지.
어떤 과학자들은 흙 한 줌 속에 약 1만 종의
세균이 들어 있을 거라고 추정하지만,
일일이 세어 보지는 않았어.
네가 세어 볼래?
일반 가정의 정원에는 세균이
수백억 마리 이상 우글거리고 있어.
무게로 따지면 약 4.5kg이 나가지.
그리고 수많은 원생동물과 끈적끈적한 선충
(눈이 없고, 고무 같은 입이 6개 달린 벌레)이
세균을 잡아먹어.
그 밖에 세균이 사는
곳은 또 없나요?
살지 않는 곳이 없지! 대부분의 세균은 높이
200마이크로미터 정도의 거대한
(세균의 입장에서는 거대하지!) 탑처럼 생긴
끈적끈적한 덩어리를 이루어 살아.
일종의 도시 같은 거지. 세균이 도시를
건설하기 좋아하는 장소는 배수관, 틀니,
콘택트렌즈, 창자 등이고, 그 밖에도 상상할 수
있는 곳에는 어디든지 자리를 잡아.
그런데 세균은
하루 종일 무엇을
하고 사나요?

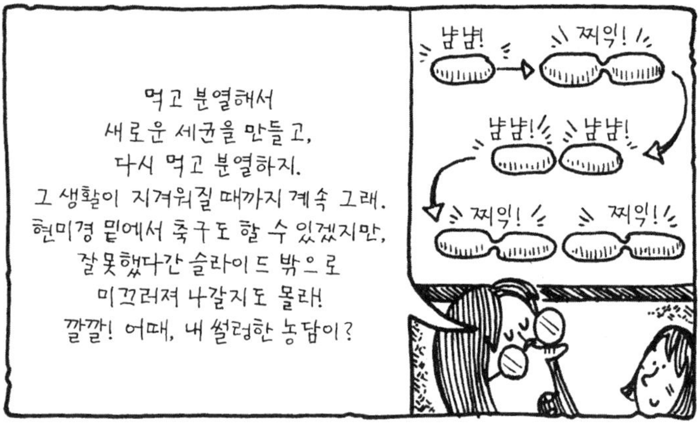
먹고 분열해서
새로운 세균을 만들고,
다시 먹고 분열하지.
그 생활이 지겨워질 때까지 계속 그래.
현미경 밑에서 축구도 할 수 있겠지만,
잘못했다간 슬라이드 밖으로
미끄러져 나갈지도 몰라!
깔깔! 어때, 내 썰렁한 농담이?
냠냠!
찌익!
냠냠!
냠냠!
찌익!
찌익!

★ 요건 몰랐을걸!

세균은 편모나 섬모를 움직이면서 시속 0.00016km의 속도로 헤엄칠 수 있다. "하하! 난 수영을 처음 배울 때에도 그것보단 빨랐어!"라고 말하고 싶거든 잠깐만 참아라. 만약 세균이 여러분만 한 크기라면, 올림픽 금메달리스트보다 훨씬 빨리 헤엄칠 것이다.

저자의 잔소리

세균을 아주 무서워하는 사람들이 있다. 이 책을 읽고 나면 여러분 역시 그런 사람이 될지 모른다. 그렇지만 겁낼 필요 없다. 대부분의 세균은 사람에게 아무 해도 끼치지 않으며, 심지어 좋은 일을 하는 종류도 많다. 창자 속에 사는 세균 중에는 비타민 K를 만드는 걸 돕는 세균도 있다. 비타민 K는 혈액이 응고하는 것을 돕는 물질이다. 세균은 수십억 년 전부터 지구에서 살아왔으며, 세상이 끝날 때까지 살아남아 있을 것이다. 어쨌든 세균은 과학적으로 아주 흥미로운 대상이다!

세균은 비록 크기는 작더라도 생명력이 아주 질기다. 그 비밀은 바로 포자에 있다. 포자는 몸을 둘러싸 보호해 주는 두꺼운 캡슐 같은 것인데, 세균은 포자 속에서 몇 년이고 살아남을 수 있다. 세균은 자신의 생존 기술을 매우 자랑스러워한다.

세균의 자랑

어떤 때에는 아주 힘든 시기도 견뎌 내야 하지. 나는 말라붙은 식물에 붙어 있던 흙에 300년 동안이나 갇혀 있었어.
하아!
그건 아무것도 아니야. 나는 배 밑바닥에 붙어 산 적이 있는데, 바로 그 배를 먹고 살았어.
냠냠!
그래도 배라도 먹을 게 있었으니 다행이지! 나는 주차장에서 오랜 세월 동안 살았는데, 먹을 거라곤 도로 포장 물질뿐이었지.
우물우물!
난 그보다 더 옛날에 해저 바닥에서 3000년을 보냈어. 얼어붙는 듯한 차가운 물과 위에서 내리누르는 엄청난 수압을 견디면서 말이야. 사람이었다면 오징어가 되고 말았을걸!
덜덜!
냠냠!
흥! 편하게 살았구먼. 난 흙 속으로 들어가기 전에 중앙 난방 파이프 속에서 그것을 먹으면서 살아야 했어.

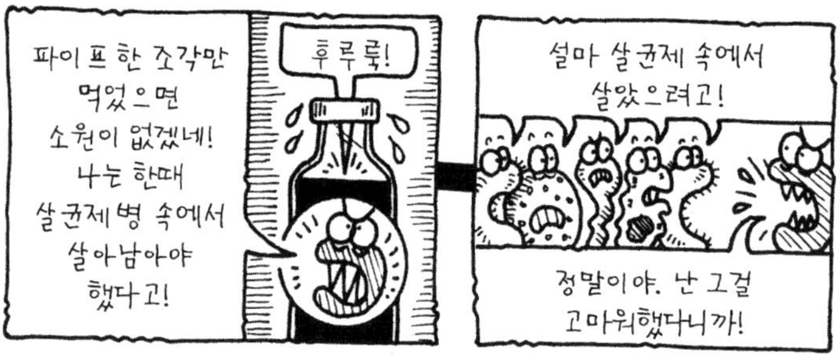
파이 프 한 조각만
먹었으면
소원이 없겠네!
나는 한때
살균제 병 속에서
살아남아야
했다고!
후루룩!
설마 살균제 속에서
살았으려고!
정말이야. 난 그걸
고마워했다니까!

세균들이 늘어놓은 이 모든 자랑은 다 사실이다.

1. 과학자들은 그 정도로 오래된 식물 표본에 붙어 있던 세균을 되살리는 데 성공했다.

2. 오염된 바닷물에 사는 세균은 배도 먹을 수 있다! 바닷물에 사는 세균은 황을 먹고 그것을 황화물로 변화시킨다. 황화물은 배의 철 원자와 결합하여 황화철이라는 냄새 고약한 검은색 물질을 만든다. 그러면 다른 세균들이 이 역겨운 혼합물을 맛있게 먹어치운다. 그러면서 배를 씹어 먹는 것이다.

3. 도로 포장 물질도 먹어치운다. 일부 세균은 타르머캐덤(타르와 자갈을 섞은 포장 재료)을 먹는다! 그렇지만 걱정하지 말라! 그것을 다 먹어치우려면 수백 년이 걸리니까. 그것은 여러분이 에베레스트 산만 한 크기의 햄버거를 먹는 것과 비슷하다.

4. 세균은 해저 바닥에도 살고 있다. 이곳에 사는 세균은 높은 수압에 적응해 왔기 때문에, 압력이 낮은 수면 위로 올라오면 몸이 터져 버린다.

5. 어떤 세균은 뜨거운 물을 좋아하여 뜨거운 구리관 속에서도 잘 살아간다. 이들은 물속에 녹아 있는 황을 먹고 노폐물로 황화물을 내놓는데, 황화물은 관 속의 구리 원자와 결합하여 황산구리라는 물질을 만든다. 온수에서 썩은 달걀 냄새가 나는

것은 이것 때문이다.

6. 살균제에 들어 있는 페놀이라는 화학 물질은 대부분의 세균을 죽인다. 그러나 일부 세균은 페놀을 웬 떡이냐 하며 맛있게 먹어치운다.

★ 요건 몰랐을걸!

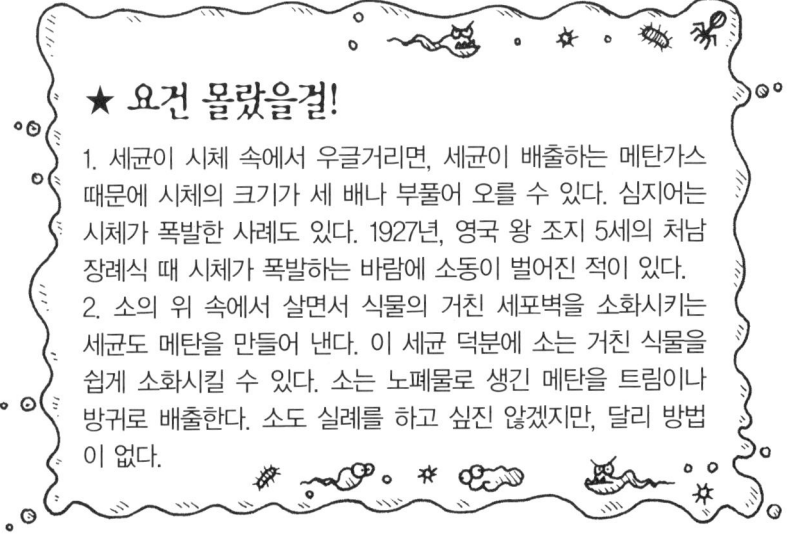

1. 세균이 시체 속에서 우글거리면, 세균이 배출하는 메탄가스 때문에 시체의 크기가 세 배나 부풀어 오를 수 있다. 심지어는 시체가 폭발한 사례도 있다. 1927년, 영국 왕 조지 5세의 처남 장례식 때 시체가 폭발하는 바람에 소동이 벌어진 적이 있다.

2. 소의 위 속에서 살면서 식물의 거친 세포벽을 소화시키는 세균도 메탄을 만들어 낸다. 이 세균 덕분에 소는 거친 식물을 쉽게 소화시킬 수 있다. 소는 노폐물로 생긴 메탄을 트림이나 방귀로 배출한다. 소도 실례를 하고 싶진 않겠지만, 달리 방법이 없다.

미생물에 관한 아찔한 전문 용어

어떤 과학자가 말하길,

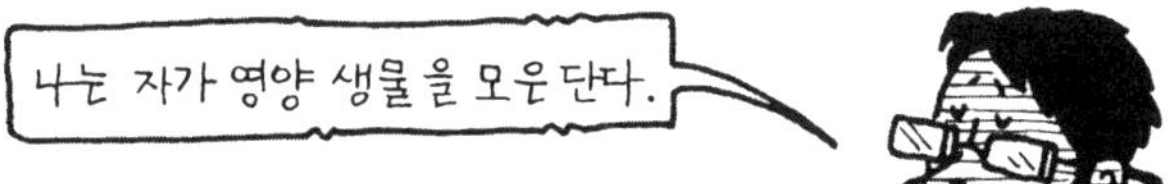
나는 자가 영양 생물을 모은단다.

그럼, 여러분은 이렇게 말하겠지?

멋져요!
전 가젤영양을
좋아해요!

답 : 오, 저런! 과학자가 말한 건 초원에서 뛰어다니는 영양이 아니다! 자가 영양이란 단순한 화학 물질로부터 스스로 영양분을 만들 수 있는 능력을 말한다. 자가 영양 생물에는 광합성을 이용해 영양분을 만드는 식물과 일부 세균이 있다. 또 바로 앞에서 본 것처럼 황과 같은 화학 물질을 먹음으로써 자가 영양을 하는 세균도 있다.

세균에 관한 깜짝 퀴즈

아래 음식물 중 세균이 별로 좋아하지 않는 것은 어떤 것일까?

a) 엄마가 먹는 비타민 C

b) 황산

c) 낡은 장화

d) 오래된 사원

답 : a). 무슨 이유에서인지 세균은 비타민 C를 먹지 않는다. 아마도 건강 식품을 좋아하지 않는 모양이다.

b) 묽은 황산 속에서 잘 살아가며, 심지어 그것을 먹는 세균이 있다!

c) 세균은 라텍스(고무의 원료가 되는 유액)를 잘 먹어치운다. 제2차 세계대전 때 공습으로 많은 집이 불탔는데, 세균이 소방 호스에 뚫어 놓은 구멍 때문에 불을 끄지 못한 경우가 꽤 있었다. 장화 고무는 황을 첨가해 처리하지만, 알다시피 황을 먹어치우는 세균도 있다.

d) 캄보디아의 앙코르와트는 불가사의한 유적이 남아 있는 곳이다. 또한 거대한 세균 간이식당이 있는 곳이기도 하다. 흙 속의 세균이 만들어 낸 황화물이 습기에 섞여 솟아올라 사원의 돌에 앉게 된다. 그러면 더 많은 세균이 그 물질을 먹어치우면서 산을 배설하여 사원을 부식시킨다.

나도 과학자가 될 수 있을까?

캐나다 유콘 주에 있는 한 술집 주인은 손님들에게 아주 소름끼치는 칵테일을 권하곤 했다. 그것은 샴페인이었는데, 발톱까지 멀쩡하게 달린 사람 발가락이 들어 있었다(그 발가락은 어느 통나무집에서 발견되었는데, 거기서 무엇을 하고 있었는지는 아무도 모른다. 글쎄, 아마도 발을 찾고 있었던 게 아닐까?). 어쨌든 술집 주인은 손님들에게 그것을 마시는 데 도전해 보라고 권했다.

빨리 마셔도 되고
천천히 마셔도
되지만, 단 입술이
발가락에
닿아야 합니다!
우욱!

그런데 왜 세균들은 그 발가락을 먹어치우지 않았을까?

a) 세균도 너무 역겨워서 차마 먹지 못했다.

b) 날씨가 너무 추워서 세균도 얼어 버렸다.

c) 발가락을 알코올에 절여 놓았기 때문에 세균이 살 수 없었다.

답 : c). 그런데 725명이나 되는 사람들이 그 끔찍한 칵테일을 마셨다는 이야기가 믿어지는가? 그러다가 1980년에 한 사람이 그만 실수로 발가락을 삼켜 버렸다. 오, 저런! 정말 큰 사고를 저질렀군!

선생님 골려 주기

연필 한 자루를 들고 차를 마시며 쉬고 있는 선생님을 찾아간다. 교무실 문을 똑똑 두드린 다음, 선생님이 문을 열거든 천사 같은 미소를 지으면서 이렇게 물어 보라.

세균이
이 연필도
먹어치울 수
있을까요?
차라리 널
먹어치웠으면 좋겠다!

답 : 처음부터 이 질문은 선생님을 골려 주기 위한 것이라고 했지? 정답은 '그렇다' 나 '아니다' 가 아니다. '절반만 먹는다' 가 정답이다. 세균은 연필 중 나무로 된 부분은 먹어치울 수 있지만, 구운 점토와 흑연(순수한 탄소)으로 만든 연필심은 먹지 못한다. 그것은 세균이 다이아몬드(역시 순수한 탄소로 이루어진)를 먹지 못하는 것과 똑같다.

마법의 현미경

킈킈!!

낡은 가죽 구두가 있다. 보기에는 별로 좋지 않지만, 그 속에는 아주 흥미로운 미생물이 많이 숨어 있다. 또다시 마법의 현미경을 들이대야 할 때가 온 것 같다.

원 안을 자세히 들여다보라! 더 자세히! 신발 냄새가 생각만큼 심하지 않을 것이다. 자, 이제 아래 그림을 보라. 낡은 구두에 숨어 있는 비밀이 눈앞에 펼쳐질 것이다. 가죽 표면은 보도블록을 어지럽게 맞춰 놓은 것처럼 보인다.

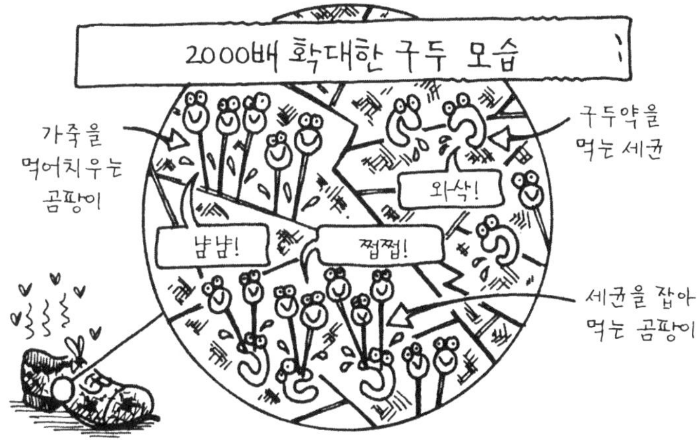

2000배 확대한 구두 모습
가죽을 먹어치우는 곰팡이
구두약을 먹는 세균
와삭!
냠냠!
쩝쩝!
세균을 잡아 먹는 곰팡이

직접 해 보는 실험 : 세균에게 아늑하고 편안한 집을 제공하는 방법

준비물 :

물을 가득 채운, 마개가 달린 병

풀 약간

실험 방법 :

1. 병 속에 든 물을 세 시간 동안 그냥 내버려 둔다.
2. 풀을 잘게 찢어 물속에 집어넣고 마개를 꼭 틀어막는다.

3. 병을 따뜻한 장소에 일주일 동안 내버려 둔다.

어떤 것을 관찰할 수 있을까?

a) 물이 흐릿하게 변한다.

b) 물이 초록색으로 변한다.

c) 물이 주황색으로 변하고 거품이 생겨나며, 세균이 병 밖으로 나가 눈에 보이는 모든 걸 잡아먹는다.

답 : a). 물 색깔이 흐릿하게 변한 것은 풀을 먹는 세균이 수백만 마리나 생겨났기 때문이다. 세균은 병마개를 막기 전에 풀에도 붙어 있었고, 공기 중에도 들어 있었다. 실험이 끝난 후에는 병 속의 물을 밖에 갖다 버리고, 어른에게 살균제로 병을 깨끗이 씻어 달라고 부탁하라. 만약 c)라고 대답했다면 축하한다! 여러분은 새로운 종류의 세균을 발견한 것이다! 그렇지만 빨리 밖으로 달아나는 게 좋을 것이다.

어쨌든 이제 그만 끈적끈적한 세균의 세계를 떠나기로 하자. 너무 섭섭해하지는 마라. 다음 장에서 훨씬 끔찍한 모습으로 다시 나타날 테니까! 여기서는 세균에 못지않게 섬뜩한 원생동물의 세계를 살펴보기로 하자.

이리저리 배회하는 원생동물

현미경으로 원생동물(너무 작아서 다른 방법으로는 볼 수 없다)을 맨 먼저 본 사람은 바로 레이우엔훅이었다. 어떤 모습을 보았을까? 원생동물은 대체로 다음 그림과 같이 생겼다.

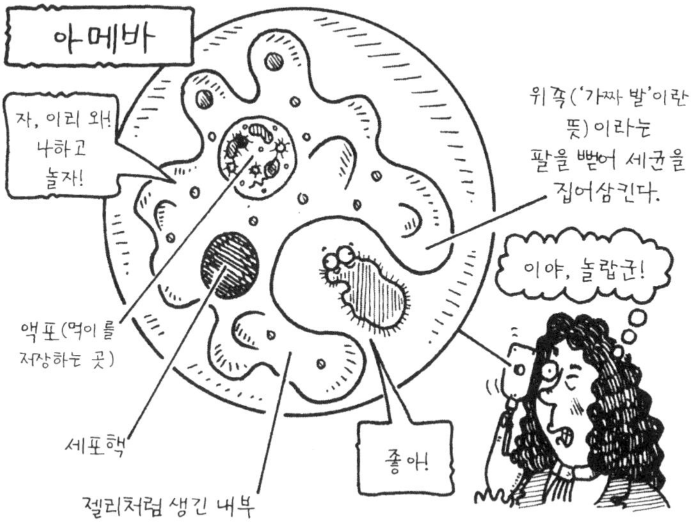
아메바
자, 이리 와! 나하고 놀자!
위족('가짜 발'이란 뜻)이라는 팔을 뻗어 세균을 집어삼킨다.
이야, 놀랍군!
액포(먹이를 저장하는 곳)
세포핵
좋아!
젤리처럼 생긴 내부

직접 해 보는 실험 : 아메바를 만드는 방법

준비물 :

종이 손수건(콧물이 묻지 않은 것)

실험 방법 :

1. 종이 손수건 양면에 길이가 약 4cm 되도록 두 군데를 찢는다(이것은 물속에서 아메바 모양을 만드는 데 도움이 된다).

2. 종이 손수건을 돌돌 만다.

3. 종이 손수건에서 삐죽 튀어나온 부분이 있으면 밀어 넣어 아메바 모양으로 만든다.

4. 이것을 물속에 넣어라. 물을 살랑살랑 출렁이게 하면 여러분이 만든 아메바가 움직이는 것처럼 보일 것이다. 조심하라! 아메바가 여러분의 손가락을 집어삼킬지도 모르니까! 이 말이 잘 이해가 가지 않는다면, 다음 이야기를 읽어 보길.

★ 요건 몰랐을걸!

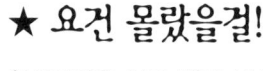

원생동물은 아주 빨리 번식할 수 있다. 예를 들면, 짚신벌레는 22시간마다 분열한다. 그러니까 새해 첫날에 짚신벌레 한 마리가 분열을 시작한다면, 3월 7일에는 폭이 1.6km나 되는 아주 큰 공 모양으로 성장할 것이다. 그리고 한 달쯤 지난 후에는 지구만 한 크기로 불어나 있을 것이다! 다행히도, 다른 작은 동물들이 짚신벌레가 지구 전체를 뒤덮어 버리기 전에 짚신벌레를 적당히 먹어 준다.

작은 동물들이
짚신벌레를 더 빨리
먹어 줘야 할 텐데!
으악!
이크!
끄악!

긴급 경고 사항

여러분은 풀을 밟고 다니지는 않는지? 그렇다면 다음부터는 그러지 마라! 풀을 밟고 다니면 수백만 마리의 무고한 작은 생물들이 죽게 된다. 또 흙을 밟으면 수분이 밖으로 나오게 되어 끈적끈적한 점균류가 생기게 된다!

점균류가 뭐냐고? 너무 불안해하지 마라. 점균류는 사람에게 해를 끼치지 않는다. 또 학교 급식에 섞여 들어갔을 가능성도 거의 없다. 그래도 그 정체가 그렇게 궁금하다면, 다음에 나오는 점균류의 자서전을 읽어 보라.

점균류로 살아온 나의 한평생

저자 : 아메바
끈적끈적 출판사

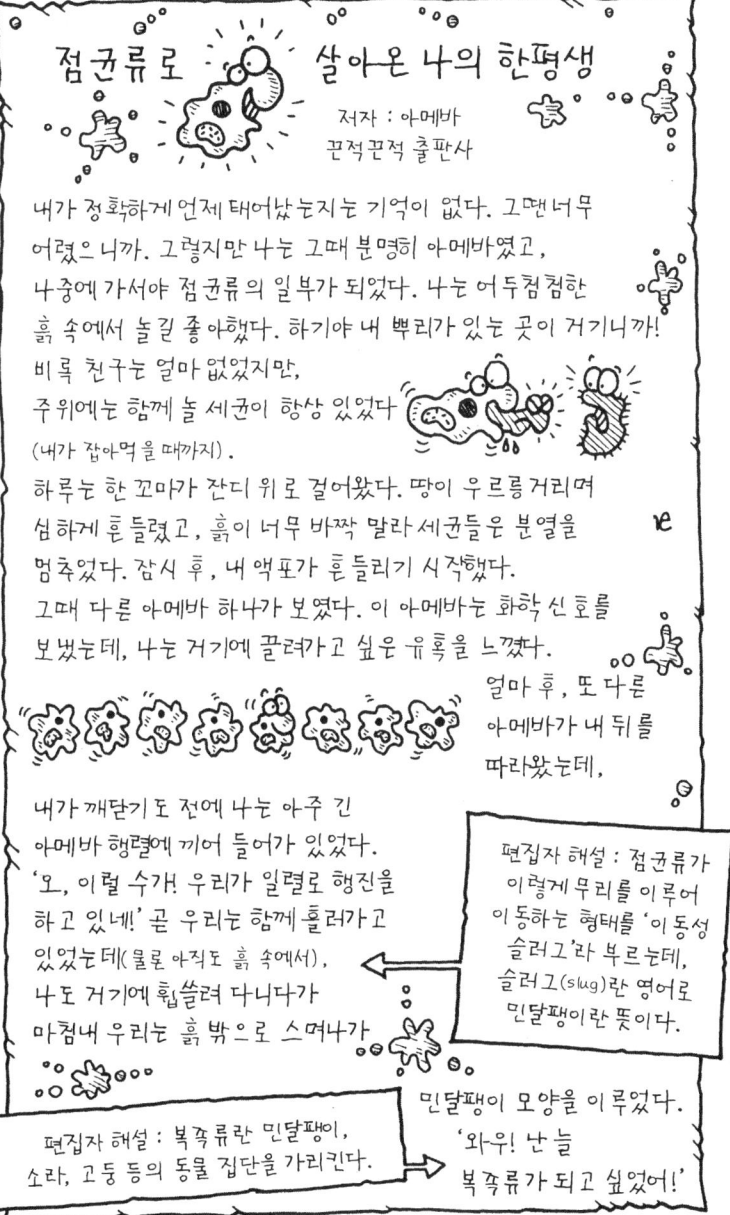

내가 정확하게 언제 태어났는지는 기억이 없다. 그땐 너무 어렸으니까. 그렇지만 나는 그때 분명히 아메바였고, 나중에 가서야 점균류의 일부가 되었다. 나는 어두컴컴한 흙 속에서 놀길 좋아했다. 하기야 내 뿌리가 있는 곳이 거기니까! 비록 친구는 얼마 없었지만, 주위에는 함께 놀 세균이 항상 있었다 (내가 잡아먹을 때까지).

하루는 한 꼬마가 잔디 위로 걸어왔다. 땅이 우르릉거리며 심하게 흔들렸고, 흙이 너무 바짝 말라 세균들은 분열을 멈추었다. 잠시 후, 내 액포가 흔들리기 시작했다. 그때 다른 아메바 하나가 보였다. 이 아메바는 화학 신호를 보냈는데, 나는 거기에 끌려가고 싶은 유혹을 느꼈다.

얼마 후, 또 다른 아메바가 내 뒤를 따라왔는데,

내가 깨닫기도 전에 나는 아주 긴 아메바 행렬에 끼어 들어가 있었다. '오, 이럴 수가! 우리가 일렬로 행진을 하고 있네!' 곧 우리는 함께 흘러가고 있었는데(물론 아직도 흙 속에서), 나도 거기에 휩쓸려 다니다가 마침내 우리는 흙 밖으로 스며나가 민달팽이 모양을 이루었다. '와우! 난 늘 복족류가 되고 싶었어!'

편집자 해설 : 점균류가 이렇게 무리를 이루어 이동하는 형태를 '이동성 슬러그'라 부르는데, 슬러그(slug)란 영어로 민달팽이란 뜻이다.

편집자 해설 : 복족류란 민달팽이, 소라, 고둥 등의 동물 집단을 가리킨다.

우리는 계속 기어갔다. 우리 뒤에는 끈적끈적하고
반짝이는 물질이 긴 꼬리를 그리며 남았는데, 그것은
이동 도중에 젤리처럼 생긴 아메바의 내부 물질이
흙의 날카로운 부분에 긁혀 터져 나온 것이었다.
아, 그 얼마나 영웅적인 희생이란 말인가!
전체를 위해 저렇게 창자를 터뜨리며 죽다니!
도중에 나는 다른 아메바들과 대화를 나누었는데,
그들은 세상의 종말이 다가오고 있다고 말했다.

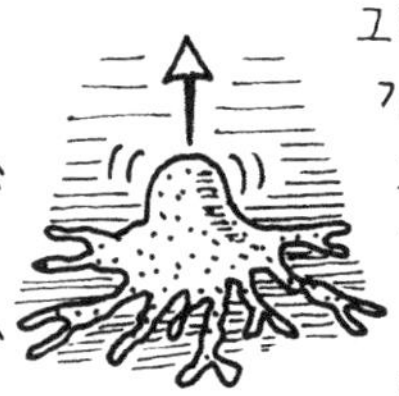

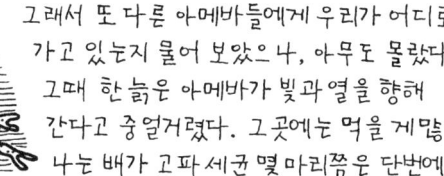

그래서 또 다른 아메바들에게 우리가 어디로
가고 있는지 물어 보았으나, 아무도 몰랐다.
그때 한 늙은 아메바가 빛과 열을 향해
간다고 중얼거렸다. 그곳에는 먹을 게 많을까?
나는 배가 고파 세균 몇 마리쯤은 단번에
해치울 수 있을 것 같았다.

땅 위로 나오자 나는 깜짝 놀랐다. 평생 동안 이런
광경은 한 번도 본 적이 없었기 때문이다(음, 하기야
솔직히 말해서 평생 동안 본 게 별로 없다). 그것은 살아서
꿈틀대는 아메바들로 만들어진 끈적끈적한 탑이었다!
그것은 어마어마하게 컸다. 높이가 최소한 0.1mm는
되는 것 같았다! 수십억 마리의 아메바가 계속
그 위에 몸을 쌓으면서 탑은 점점 높아지고 있었다.
탑 안쪽 깊숙한 곳에서 신음 소리가 들려왔는데, 수천만 마리의
아메바가 딱딱한 화학 물질을 만들어 자기 몸을 딱딱하게
변화시키면서 죽어 가고 있다는 소문이 나돌았다. 순전히 우리의
멋진 탑이 쓰러지지 않도록 하기 위해서 말이다!
나는 신음 소리를 내면서 딱딱한 덩어리로 변해 가는

아메바들과 밑에서 떠받치고 있는 아메바들을 지나
꿈틀거리면서 점점 더 높이 올라갔다. 다른 아메바들은
내가 야심이 많다고 말했으나, 나는 그저 그렇게
위로 위로 꼭대기까지 올라가지 않을 수 없었다.
올라가는 동안에 나 역시 변하고 있다는 사실을
알아챘다. 내 몸이 딱딱하고 단단하게 변하고 있었다.

'오, 이런! 정상에 이르는 길은 멀고도 험난하구나!' 하는 생각이 들었다. 그러나 그게 아니었다. 나는 캡슐을 만들고 있었다. 그것은 내 몸을 보호하기 위한 일종의 우주 캡슐이었다. 이윽고

탑 꼭대기에 이른 나는 바람이 스쳐 지나가는 걸 느꼈다. 어느 순간, 센 바람 한 줄기가 훅 불더니 내 몸이 공중으로 붕 날아올랐다.

그 뒤에 기억나는 것은 내가 캡슐 안에서 이리 뒹굴고 저리 뒹굴고 한 것밖에 없다. 그렇지만 나는 세상의 종말에서 탈출했다! 나는 캡슐 안에서 젤리 덩어리처럼 출렁거리고 있었다(생각해 보니, 내가 젤리 덩어리인 건 사실이다).

마침내 나는 세균이 많이 사는 축축한 흙 위에 착륙했다.

나는 운이 무척 좋았다.

전체 아메바 중 99.9%는 세상의 종말을 맞이했다.

나는 그저 미천한 아메바이지만 살아남았다.

바로 이 점 때문에 나는 특별한 존재다.

끝

저자의 해설

이 모든 일은 여러분이 잔디를 밟는 바람에 일어난 것이다! 과학자들도 자세한 것은 정확하게 모르지만, 아메바가 건조한 시기에는 모여서 점균류를 이룬다는 사실을 알아냈다. 점균류가 만들어지는 과정은 아메바가 만들어 내는 화학 물질 때문에 일어난다.

아직도 미생물이 지겹지 않은가? 오, 훌륭하다! 미생물 역시 여러분이 지겹지 않은 모양이다. 지금 이 순간, 여러분의 얼굴에는 수백만 마리의 미생물이 기어 다니면서 콧구멍을 탐사하고 있다. 만약 그 밖에 미생물이 또 무슨 일을 하는지 알고 싶다면, 계속 읽어 보라!

왜냐하면 이제부터는 바로 여러분 자신과 밀접한 관계가 있는 이야기가 펼쳐지기 때문이다.

우욱!

의학에 사용하는 현미경

현미경이 없다면 현대 의학은 어떻게 될까? 막다른 골목에서 오도 가도 못하게 될 것이다. 현미경이 없다면, 과학자는 인체의 세부적인 것들을 더 이상 알아낼 수 없을 것이다. 예컨대, 피부 조각 같은 것 말이다. 여러분은 이 역겨운 부스러기를 이미 본 적이 있을 것이다.

지금이 어느 여름날 아침이라고 상상해 보자. 먼지 한 알이 빛줄기 속에서 마치 금빛으로 빛나는 모기처럼 춤을 춘다. 정말로 황홀한 광경이다. 그러다가 문득 이런 생각이 들 것이다. 먼지는 무엇으로 이루어져 있을까?

직접 해 보는 실험 : 먼지를 이루는 물질

준비물 :

햇빛 한 줄기(햇빛이 들어올 공간으로 폭 15cm 정도의 틈만 남긴 채 어두운 색의 커튼으로 창문을 가린다. 아니면 밤이 되기까지 기다렸다가 밝은 손전등 불빛을 사용해도 된다.)

실험 방법 :

1. 빛을 바라본다.

2. 손으로 머리를 벅벅 긁고, 팔 위를 쓸어내리고, 셔츠를 벗어 들고 흔든다.

무엇을 관찰할 수 있는가?

a) 몸에서 검은색 점들이 구름처럼 쏟아진다.

b) 몸에서 반짝이는 점들이 구름처럼 쏟아진다.

c) 몸에서 커다란 피부 조각들이 떨어진다.

긁적긁적!
벅벅!
더러워!

답 : b). 떠다니는 먼지들은 죽은 피부 덩어리인데, 그 위에는 세균이 들끓고 있다. 만약 c)라고 대답했다면, 혹시 자신이 뱀파이어가 아닌지 물어봐라. 그렇다면 햇빛이 여러분의 몸을 먼지로 변화시킬 것이다!

★ 요건 몰랐을걸!

먼지는 우리 눈으로 볼 수 있는 가장 작은 물체에 속한다. 폭이 20마이크로미터 정도로 세균보다 별로 크지 않다. 먼지는 항상 우리 주위에 떠다니고 있지만, 먼지가 빛을 반사해 밝게 빛나지 않으면 우리 눈에 보이지 않는다.

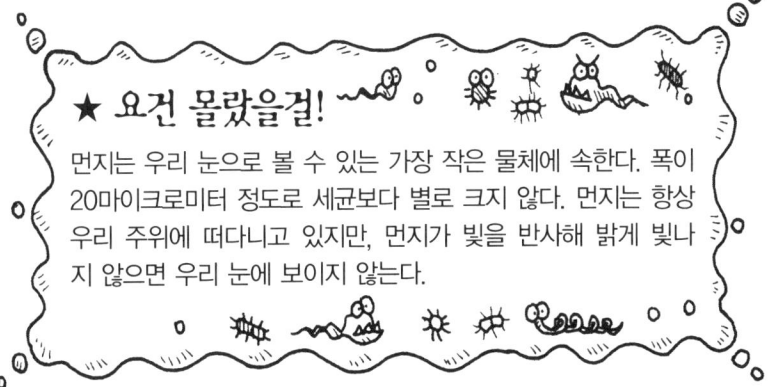

그런데 여러분은 자신의 몸에 대해 얼마나 잘 아는가? 자신의 머리카락이나 눈, 피부색, 코 모양, 사마귀나 주근깨의 위치 등을 자세히 살펴보라. 뭔가 새로운 사실을 발견한 게 없는가? 여러분이 이전에 한 번도 보지 못한 것들이 많이 있을 것이다. 아주 작은 것들이…….

나도 과학자가 될 수 있을까?

과학자들은 매분 약 5만 개나 되는 피부 조각이 우리 몸에서 떨어져 나간다고 추정한다. 그런데 남자 몸에서 떨어져 나온 피부 조각은 여자 몸에서 떨어져 나온 것보다 세균이 다섯 배나 더 많이 붙어 있다는 사실을 아는가? 왜 그럴까?

a) 남자의 땀에는 영양분이 더 많이 들어 있어 세균이 더 많이 살 수 있기 때문에.

b) 남자가 여자보다 더 더럽기 때문에.

c) 여자 피부에서는 향수 때문에 세균이 많이 죽어서.

답 : b). 남자는 여자만큼 목욕을 자주 하지 않는다. 138쪽에서 보게 되겠지만, 몸을 씻으면 세균이 떨어져 나간다. 그래서 여자의 피부에는 남자의 피부보다 세균이 더 적게 산다. 음, 그렇다고 남자가 늘 고약한 냄새를 풍긴다는 말은 아니다. 몸에서 고약한 냄새를 풍길 정도로 세균이 바글바글 들끓으려면 거의 씻지 않고 살아 몸이 아주 지저분해야 한다. c)라고 대답한 사람에게는 절반의 점수를 주겠다. 향수가 뿌려진 부위에서는 세균이 죽기 때문이다.

상상 초월 인체 관광

〈앗, 이렇게 재미있는 과학이!〉와
세균 퇴치 연맹 공동 제공!

사람의 피부와 털!

"나는 아주 역겨운 시간을 보냈지만,
매 순간이 아주 즐거웠어요." - 세균

여행 계획

첫째 날

오전 : 입에 잠깐 들러 혀를 살펴봅니다. 9000여 개의 미뢰가 돋아 있는 장관을 구경합니다. 어떤 것은 꼭대기 부분이 버섯처럼 둥글고, 어떤 것은 뾰족하게 생겼는데, 음식물을 옮기기에 아주 편리합니다. 미뢰 사이에서 즐겁게 놀고 있는 세균들의 모습도 구경합니다.

안녕?
안녕!

오후 : 흥미진진한 미생물 사파리에 참여해 보세요. 이 사이에 살고 있는 여러 종류의 세균을 구경합니다. 그렇지만 조심하세요! 이곳에는 아메바가 숨어 있다가 갑자기 여러분을 덮칠지도 모릅니다!

으악!

흥미로운 사실

1. 중국의 지도자였던 마오쩌둥(1893~1976)은 대부분의 중국인이 그랬듯이 평생 이를 닦지 않았습니다. 대신에 차로 입을 헹구고 찻잎을 씹었지요. 그러고는 "호랑이가 이를 닦는 걸 봤는가?"라고 말했다고 합니다. 그러나 호랑이의 이는 빠지지 않지만, 마오쩌둥의 이는 썩어서 빠졌답니다.

2. 아메바는 세균을 잡아먹으며, 사람에게는 아무 해를 끼치지 않습니다. 아메바를 공짜로 얻을 수 있는 좋은 장소는 바로 개의 입이죠. 개가 여러분을 핥아 줄 때마다 그 침과 함께 아메바를 여러분에게 옮깁니다.

둘째 날

오전 : 피부 산책에 나섭니다. 발걸음을 조심하세요!
어떤 십대의 피부에서는 하루에 기름이 반 통이나 나오기 때문에, 바닥이 미끄러울 수 있습니다. 도중에 맛있는 기름이나 죽은 피부 조각을 간식으로 드셔도 됩니다.

아, 맛있다!
냠냠!
쭉쭉!

환상적이야!

오후 : 얼굴 평원에서 분출하는 화산 관광에 나섭니다. 음, 진짜 이름은 화산이 아니고, 여드름이라고 하지요. 그러니 고름 용암이 분출할 때 뒤집어쓰지 않도록 조심하세요!

건배!

밤 : 땀샘 칵테일 바에서 갈증을 달래세요. 이 지방의 전통 술(땀)은 우리 세균에게는 원기를 돋우는 강장제지요. 거기에는 맛있는 염분과 당분과 무기 염류가 풍부하게 들어 있답니다!

주의 사항!

땀샘 칵테일 바가 200만 군데 이상 되기 때문에 어디에 들러야 할지 헷갈릴 것입니다. 여자의 땀구멍에서는 마시기에 좋은 조그마한 땀방울이 솟아나지만, 남자는 아주 커다란 땀방울이 솟아나와 바닥으로 떨어질 수도 있답니다!

셋째 날

오전 : 흥미진진한 머리카락 숲 탐사에 나섭니다. 이곳에는 쪼개진 장작처럼 끝이 갈라진 머리카락이나 땅에서 삐죽 나오는 분홍색 지렁이처럼 생긴 새 머리카락 등 항상 새로운 볼거리가 생겨납니다.

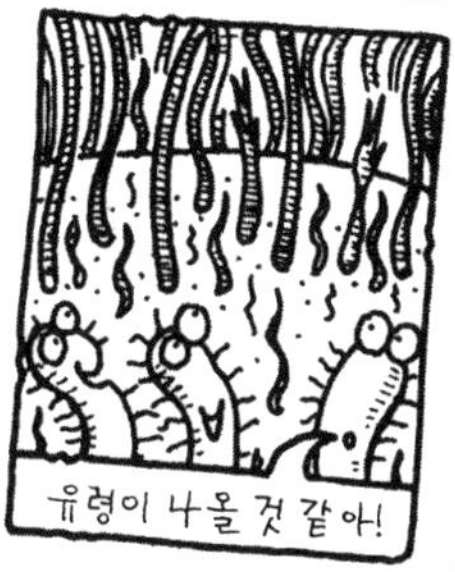
유령이 나올 것 같아!

꿀꺽!

점심 : 신선한 비듬을 먹고, 머리카락에서 솟아나온 지방질 기름으로 씻어 내리세요.

오후 : 머리카락의 기름에 들러붙은 온갖 종류의 먼지와 꽃가루를 감상합니다(감지 않은 머리카락에서 끈끈한 멋진 광채가 나는 것은 바로 이 기름 때문이랍니다). 운이 아주 좋으면 털이 부숭부숭 난 몸에 마디로 이루어진 긴 다리와 더듬이가 달리고, 게처럼 생긴 껍데기로 둘러싸인 머릿니가 어슬렁거리는 모습이나 서캐(이의 알)를 볼 수 있습니다. 아마 평생 잊지 못할 충격적인 광경이 될 겁니다!

저것 좀 봐!

밤 : 이걸로 관광 일정은 끝났습니다. 피부에서 뛰어내려 공중에서 집을 내려다보는 관광을 잠시 즐기다가 고양이 몸으로 착륙합니다.

이야!
팔짝!

특별 기획 관광 상품

각막
수정체
우와!

1. 눈 세포 관광

각막에서 타일 지붕처럼 촘촘히 늘어선 세포들을 구경하세요. 블라인드처럼 죽 늘어서 있는 투명한 수정체 세포들을 들여다보세요(수정체가 투명하지 않으면, 그 사람의 눈이 보이지 않습니다).

2. 뼛속 관광

뼈 내부의 오싹한 세계를 구경하세요. 딱딱한 바깥층을 지나 속으로 들어가면 수많은 터널로 연결된 거대한 동굴 세계가 나타납니다. 이런 구경거리를 놓친다면 평생 후회할걸요!

어디 있어?
여기야!

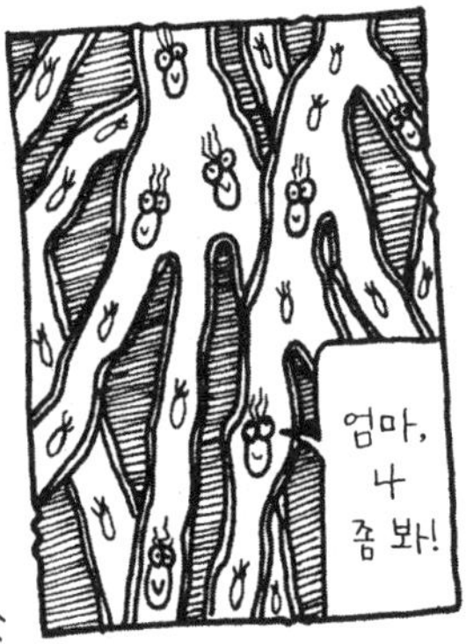
엄마,
나
좀 봐!

3. 폐에서 주말의 휴식을

폐를 방문하여 신선한 공기를 마시는 즐거움을 맛보세요. 공기가 흘러들어가는 조그마한 관을 구경하고, 폐포(허파꽈리)를 감상하세요. 폐포는 폭이 0.01cm 정도인 주머니로 주위에는 혈관들이 지나가고 있어요. 여기서 산소가 혈액 속으로 흡수되고, 혈액 중의 이산화탄소가 나오지요.

주의 사항 : 공기가 드나드는 관(기관)의 벽에는 콧물이 묻어 있기 때문에, 잘못하면 거기에 붙들려 재채기와 함께 몸 밖으로 튀어나갈 수 있습니다.

만약 세균과 함께 휴가를 떠나는 게 마음에 들지 않는다면, 인체를 들여다볼 수 있는 또 다른 방법이 있다. 돈조아 탐정만큼 몸이 작아지는 것이다. 그럼, 돈조아 탐정이 지금 어디 있는지 찾아보자. 지난번에 그와 헤어진 장소가 어디더라?

작은 세계 탐험!(계속)

지금까지의 이야기 : 축소 실험이 잘못되어 끔찍한 결과를 낳았고, 겁이 뭔지 모르는 돈조아 탐정은 콧물 구름과 함께 날아다니고 있다.

으악!

돈조아 탐정은 자기가 어디로 날아가는지 알 수 있었는데, 전혀 마음에 들지 않는 곳이었다. 공기의 작은 움직임이 돈조아 탐정을 사이비 교수가 기르는 고양이인 야옹이의 거대한 몸 위로 밀어 보내고 있었다. 돈조아 탐정은 거대한 나무들이 삐죽삐죽 솟아 있는 밀림 사이로 떨어졌다. 사실, 그것은 고양이 등에 난 털이었다.

고양이! 이유는 묻지 마라. 그저 나는 이 동물이 마음에 들지 않는다. 선택할 기회가 있다면, 차라리 갱단과 총격전을 하는 걸 택하겠다. 그렇지만 지금 나는 고양이 몸 위에 서 있다. 그래도 따뜻한 건 마음에 든다. 야옹이가 갑자기 몸을 핥기 시작했다. 야옹이의 혀는 끔찍했다. 그것은 끈적끈적한 침이 잔뜩 묻어 있고, 내 손가락만 한 바늘들이 곳곳에 돋아 있는 거대한 고무판 같았다.

음, 돈조아 탐정이 야옹이 몸 위에 무사히 착륙했나 보다. 그를 구하다니, 야옹이가 참 기특하기도 하지! 야옹이의 거친 혀는 털을 고르는 빗과 같은 작용을 하고, 피부에 있는 기름샘들에서는 털을 매끈하게 유지하는 기름이 솟아나온다. 털에 묻은 침이 마를 때(우리 과학자들은 이것을 증발이라고 하지), 체열을 빼앗아 가기 때문에 몸을 식히는 작용을 한다.

흥! 고양이는 시원해질지 모르지만, 나는 점점 뜨거워진다. 거대한 혀가 나를 향해 가까이 다가온다! 역겨운 비린내가 확 풍기는 순간, 나는 고양이 혀에 붙들렸다는 걸 알아챘다…….

쓱
쓱!

이제 끝장이구나 싶을 때, 기적처럼 돈조아 탐정을 구출하러 나타난 사람이 있었으니…… 음, 다시 보니 그것은 사람이 아니고 괴물이군! 어쨌든 돈조아 탐정은 뭔가 앞에 나타나는 걸 보고 그것을 붙잡고 매달렸다. 그것은 몸집이 돈조아 탐정보다 세 배는 컸고, 방패 모양의 몸은 두꺼운 갑옷으로 둘러싸여 있었다. 먹이를 먹는 관은 단도처럼 뾰족했고, 투명한 몸속에는 얼마 전에 삼킨 것으로 보이는 신선한 피가 출렁이고 있었다. 그 괴물은 갑자기 하늘 높이 솟아올랐다. 돈조아 탐정이 보기에는 63빌딩보다 더 높이 올라간 것 같았다. 자세히 보니 바로 벼룩의 몸 위에 올라탄 것이 아닌가!

지금까지 살아온 전 생애가 내 눈앞에 휙휙 지나갔다. 뭐 썩 보기에 좋은 광경은 아니었다. 벼룩이 고양이 등의 다른 지점에 뛰어내리는 순간, 뱃속이 뒤집어지는 것 같았다.
'인생엔 오르막도 있고 내리막도 있는 거야.'
나는 이렇게 중얼거리면서 서둘러 벼룩의 등에서 뛰어내렸다.

돈조아 탐정이 어디 있는지 알 수 없어 여기저기 찾았다. 나는 방을 바둑판처럼 나눈 다음, 배율이 높은 확대경으로 하나씩 살피기 시작했다. 도대체 어디로 간 거야?

흥! 사이비 교수는 내가 곁에 바짝 다가와 있는 줄 꿈에도 모를 거야! 사이비 교수가 바닥으로 허리를 구부리자, 야옹이가 교수의 무릎 위로 뛰어올랐다. 교수는 "야옹아, 여기서 어슬렁거리지 마. 돈조아 탐정을 밟아 죽일지도 몰라."라고 말하면서 야옹이를 쓰다듬어 주었다. 그러면서 자기 손가락을 자세히 살펴볼 생각은 전혀 못 했겠지?

그건 그래.
지금 나는 손가락 끝에 서 있다. 고양이 등에서 교수의 손가락으로 자리를 옮긴 것이다. 나는 "이 멍청한 교수야! 난 지금 당신 손가락 끝에 있다고!"라고 미친 듯이 고래고래 소리를 질렀지만, 교수는 내 목소리를 듣지 못했다.

사이비 교수의 손가락에는 말라붙은 진흙처럼 여기저기 갈라진 틈이 많이 있었다. 또 군데군데 있는 작은 구덩이에서는 기름 섞인 물방울이 솟아올랐다. 한편, 돈조아 탐정 역시 땀을 뻘뻘 흘리고 있었다.

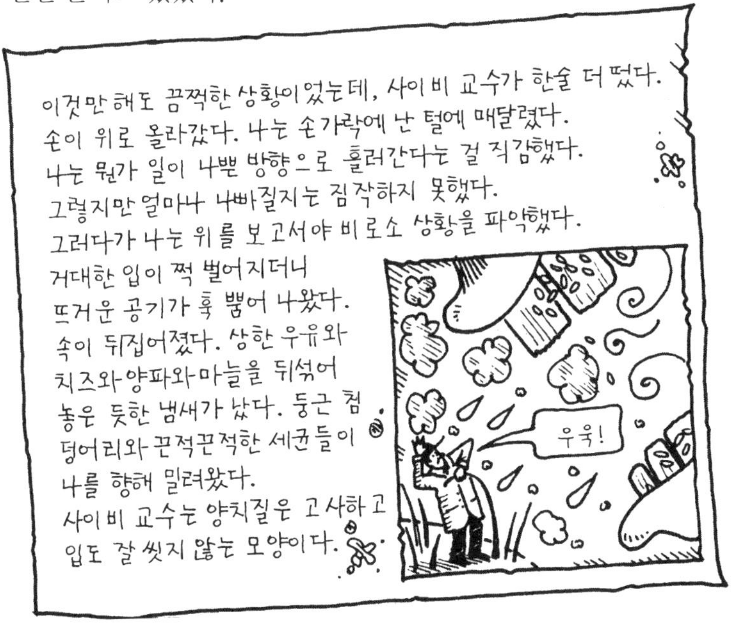
이것만 해도 끔찍한 상황이었는데, 사이비 교수가 한술 더 떴다. 손이 위로 올라갔다. 나는 손가락에 난 털에 매달렸다. 나는 뭔가 일이 나쁜 방향으로 흘러간다는 걸 직감했다. 그렇지만 얼마나 나빠질지는 짐작하지 못했다. 그러다가 나는 위를 보고서야 비로소 상황을 파악했다. 거대한 입이 쩍 벌어지더니 뜨거운 공기가 훅 뿜어 나왔다. 속이 뒤집어졌다. 상한 우유와 치즈와 양파와 마늘을 뒤섞어 놓은 듯한 냄새가 났다. 둥근 침 덩어리와 끈적끈적한 세균들이 나를 향해 밀려왔다. 사이비 교수는 양치질은 고사하고 입도 잘 씻지 않는 모양이다.
우욱!

솔직하게 말해서, 돈조아 탐정에게는 좀 미안하다.
그렇지만 내 입 냄새가 심한 것은 아니다. 모든 사람이 숨 쉴 때
입에서 나온 세균 수백 마리가 섞여 있다는
사실은 아주 흥미롭다. 물론 나는 돈조아 탐정이
내 손가락에 붙어 있을 줄은 꿈에도 몰랐다.

이크!

사이비 교수는 손톱 모양도 참 이상하다.
표면은 나무껍질처럼 우툴두툴하고,
끝부분은 제멋대로 들쭉날쭉하다.
분명히 손톱을 물어뜯은 흔적일 것이다.

돈조아 탐정은 교수가 손가락을 자신의 거대한 입으로 집어넣는 것을 공포에 질린 눈으로 멍하니 쳐다볼 수밖에 없었다. 이빨은 거대한 노란색 암벽처럼 보였고, 군데군데 우묵한 곳과 이빨 위에는 끈적끈적한 세균들이 터를 잡고 있었다. 이빨이 앞뒤로 움직이기 시작했고, 손톱은 이빨에 짓눌려 뒤틀리고 휘어졌다.

정말 구역질이 나 죽겠다. 이곳만 아니라면 지옥불에라도 뛰어들고
싶은 심정이다. 그런데 이것은 짧은 생각이었다. 교수의 창자를
전혀 생각지 못했던 것이다. 어쨌든 교수는 한참 동안 자기
손톱을 맛있는 간식인 양 잘근잘근 씹고 있었다.

음, 손톱의 주성분은 케라틴(각질)이다. 전자현미경으로 보면
케라틴은 밧줄처럼 생겼는데, 그 주위에 작은 화학 물질들이 빙
둘러싸고 있다. 이러한 구조 때문에 케라틴은 잘 찢어지지 않는다.
그래서 손톱은 구부러지긴 해도 잘 부러지진 않는다.

지금 돈조아 탐정은 사이비 교수의 코 밑에 와 있다. 손가락 끝이 안전한 장소로 보이지 않았기 때문에, 두꺼운 밧줄을 붙잡고 위로 올라가기로 했다. 그것은 삐죽 나온 코털 중 하나였는데, 말라붙은 코딱지가 덕지덕지 붙어 있었다. 정신이 빙 도는 걸 간신히 추스르며 돈조아 탐정은 무더운 바람이 세게 뿜어 나오는 콧구멍 입구로 다가간 다음, 뺨을 따라 더 높이 기어 올라갔다.

교수와 나는 서로 얼굴을 맞대고 있었지만, 교수는 여전히 나를 보지 못했다. 정말 뻔뻔스럽기도 하지!
그런데 교수의 피부는 스멀거리는 것들로 뒤덮여 있었다. 작은 틈새마다 끈적끈적한 세균들이 모여 있었다.
여기서 어정거리다간 나도 쟤들에게 붙들릴지 모른다. 그렇지만 빠져 나갈 묘안이 떠오르지 않는다.

바글바글!

나는 돈조아 탐정이 내 얼굴에 있으리라고 상상도 못 했다.
내 뺨과 코에는 세균이 약 200만 마리, 그리고 이마의 지방에는 약 7200만 마리 살고 있는 걸로 알고 있다.
아, 물론 내가 일일이 세어 본 건 아니다. 돈조아 탐정을 살살 구슬려 이곳을 조사해 보라고 해야지.

차라리 63빌딩에서 번지점프를 하는 게 낫겠다!
교수는 아직도 나를 보지 못했지만,
나를 본 괴물이 있었다. 몸은 장갑차처럼 생겼고,
다리가 8개 달려 있었으며, 아주 흉측하게 생긴
얼굴을 갖고 있었다. 괴물은 동작이 그리 빠르진
않았지만, 나는 잠시 동안 고양이 앞에 쥐가 된 듯
꼼짝도 하지 못했다. 그렇지만 괴물은 내게
신경도 쓰지 않았다. 그저 교수의 피부에 붙어
꿈틀거리고 있는 끔찍한 세균들을 열심히 먹었다.
나는 "반가워, 친구!"하고 소리쳤다.

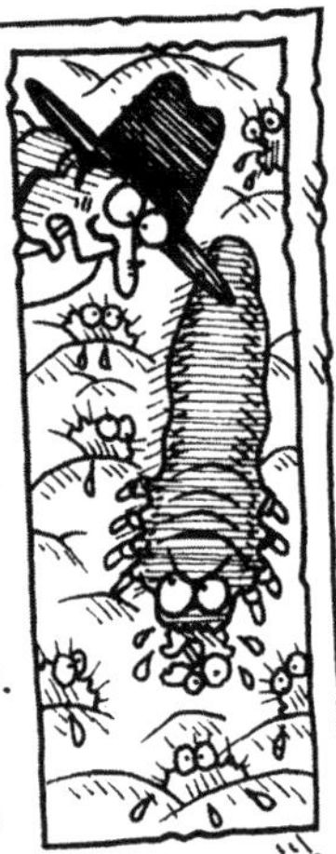

놀라운 일이다! 돈조아 탐정이 이야기하는 것은 진드기의 일종인 모낭충이다! 길이가 50마이크로미터에 불과한 모낭충은 주로 사람의 속눈썹과 눈썹에서 살아간다. 우리에게 별다른 해를 끼치지 않으며, 수건을 함께 쓰는 사람들 사이에서 옮을 수 있다. 그러니 모든 가족에겐 각자 나름의 모낭충 가족이 붙어 살고 있는 셈이다.

그렇지만 돈조아 탐정에게는 또다시 위기가 닥쳤다. 사이비 교수는 이제 무슨 일을 할까 하고 골똘히 생각하면서 얼굴을 찌푸렸다. 그러다가 바닥을 다시 조사해 보기로 마음을 정했는데, 이미 돈조아 탐정에게 돌이킬 수 없는 짓을 저지른 뒤였다. 교수의 피부가 마치 큰 지진이 일어난 것처럼 비틀리고 구겨지더니 작은 피부 조각들이 공중으로 떨어져 나갔다. 이것은 얼굴을 찌푸릴 때마다 일어나는 정상적인 사건이다. 돈조아 탐정은 또 한 번 공중에서 낙하하는 경험을 하게 되었다. 그래도 다행이랄까, 커다란 콘플레이크처럼 보이는 물체를 붙잡았는데,

사실은 교수의 피부 조각이었다.

나는 또다시 하늘을 날았다. 방이 빙글빙글 돌았지만, 그래도 운이 좋았다.

돈조아 탐정은 처음에 모험을 떠날 때 재채기에 날려갔던 바로 그 현미경 슬라이드 위에 내려섰다. 그리고 1~2분 후, 낯익은 얼굴이 현미경을 통해 그를 내려다보고 있었다.

나는 바닥에서 아주 흥미로운 벼룩 알을 발견하고, 현미경으로 자세히 살펴보기로 했다. 그런데 놀랍게도 거기에 돈조아 탐정이 서서 나를 쳐다보고 있는 게 아닌가! 그런데 별로 기분이 좋아 보이지 않았다.
그동안 어디 가 있었던 거요?
말하자면 길어요!

사이비 교수는 내 몸을 다시 크게 했다. 그는 이번엔 연못 물 한방울 속에 들어가 보지 않겠느냐고 말했다. 2초쯤 생각하다가 난 "수영할 줄 몰라요."하고 딱 잘라 거절하고는 그곳에서 나왔다. 오늘 겪은 일을 생각하면 너무나도 당연한 결정이었다.
잊어 주세요!

신체의 작은 부분을 조사하기 위해 돈조아 탐정만큼 몸이 줄어드는 게 마음에 들지 않는다면, 대신에 언제든지 현미경으로 들여다볼 수 있다. 외과 의사들은 미세 수술을 할 때마다 현미경을 들여다본다. 사고로 잘려 나간 신체 부위를 다시 이어 붙이는 수술 같은 걸 할 때 이 방법을 사용한다.

여러분도 미세 수술에 한번 도전해 보고 싶은가? 그렇다면 다음 퀴즈를 풀어 보라.

나도 미세 수술을 하는 외과 의사가 될 수 있을까?

불행하게도 여러분의 선생님이 손가락 하나가 절단되는 사고를 당했다. 선생님은 수업 도중에 마이크로톰(관찰용 표본을 만들기 위해 일정한 두께로 자르는 기계)의 사용 방법을 보여 주려고 하다가 그런 사고를 당했다. 더 불행한 것은, 선생님에게 도움의 손길을 줄 수 있는 사람이 바로 여러분 딱 한 명뿐이라는 사실! 그러나 도움을 주려면 다음 질문들에 대한 답을 정확하게 알아맞혀야만 한다.

하필
나야!

1. 여러분은 서둘러 수술 준비를 해야 한다. 그런데 비디오카메라와 모니터를 현미경에 연결시키는 이유는 무엇일까?

a) 기록으로 남겨 두었다가 친구들에게 자랑하기 위해.

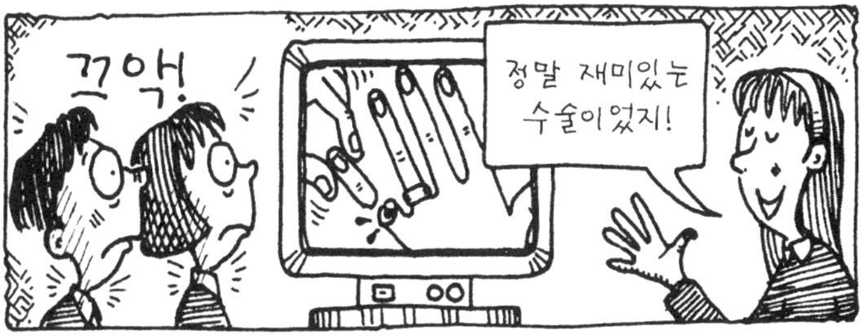
끄악!
정말 재미있는
수술이었지!

b) 그래야 계속 현미경을 들여다보지 않더라도 자신이 하고 있는 일을 잘 볼 수 있으므로.

c) 다른 의사들이 모니터를 보면서 여러분에게 충고를 해 줄 수 있도록 하기 위해.

2. 자, 이제 수술 준비가 끝났다. 여러분은 손가락을 어떤 방법으로 도로 붙일 것인가?

a) 초강력 접착제를 사용한다.

b) 아주 작은 바늘을 사용해 꿰맨다.

봉합 수술을
하는 동안
선생님의 표정
으으으!
차라리 재봉틀로
박을 것이지!

c) 특수 붕대를 사용해 제자리에 고정시켜 놓으면, 2주일쯤 지난 후에 들러붙는다.

3. 작은 혈관들은 어떤 방법으로 연결시킬 것인가?

a) 작은 혈관들은 신경 쓰지 않아도 된다.

b) 혈관의 끝부분을 녹여 용접하여 붙인다.

c) 초소형 스테이플러를 사용해 붙인다.

4. 수술이 끝난 후, 붙인 손가락으로 혈액이 흘러가도록 해야 한다. 만약 혈액이 굳거나 해서 봉합한 손가락으로 흘러가지 못하면, 손가락은 조직이 죽으면서 썩어 떨어져 나갈 것이다. 혈액이 흘러가도록 하려면 어떻게 해야 하는가?

꽉꽉!

a) 선생님을 거꾸로 매달아 손가락을 아래로 향하게 한다.

b) 굶주린 큰 거머리를 한 마리 잡아 손가락 끝에서 피를 빨게 한다. 그러면 손가락으로 피가 밀려갈 것이다.

c) 손가락을 잘 비벼 주어 혈액 순환이 잘 되게 한다.

답 : 모든 문제의 정답은 b)다.

1. 가끔 외과 의사들은 접안렌즈가 여러 곳에 붙어 있는 특수 현미경을 사용한다. 그러면 서로 수술 장면을 정확하게 보기 위해 돌아가면서 현미경을 들여다보지 않아도 된다.

넌 아까 봤잖아!
아직도 살아 있어?
이봐, 내 차례라고!
저리 비켜!
우와! 이것 좀 봐!

2. 문제는 이 짧은 줄표(–)만큼 작은 바늘에다가 폭이 0.2mm밖에 안 되는 실을 사용해 모든 신경과 혈액과 살점을 이어 붙여야 한다는 것이다.

3. 이 정교한 작업에는 전자 탐침이 사용된다.

4. 사실이다! 미세 수술에는 종종 거머리를 사용한다. 거머리의 침에는 혈액이 응고하는 것을 방지하는 물질이 들어 있기 때문이다.

여러분이 얻은 점수 평가

0~1점 : 여러분은 수술실에서 반경 50km 이내에 접근하지 못하도록 막아야 할 정도로 위험한 인물이다. 불쌍한 선생님은 다른 수술실에 연락을 해야 할 것 같다.

2~3점 : 좋다. 그렇지만 잘린 손가락을 다른 손에다 꿰매지는 않을까 조금 불안하긴 하다.

4점 : 훌륭하다! 수술을 해도 좋다.

무시무시한 건강 경고!

동생을 대상으로 미세 수술을 연습해 보려고 하지는 마라!
당장 그 수술용 칼을 내려놓을 것!

외과 의사들이 선생님의 손가락을 이어 붙이려고 애쓰는 동안 다른 과학자들은 현미경으로 인체 내부를 자세히 들여다보며 연구하고 있다. 이들은 도대체 무엇을 연구하고 있는 것일까? 바로 그 답을 말해 주고 싶지만, 그럴 수 없다. 왜냐하면, 그 답이 바로 다음 장에 나오기 때문이다!

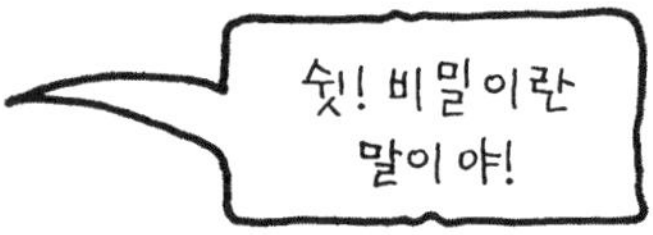
쉿! 비밀이란
말이야!

세포의 비밀

몸에 관한 놀라운 사실 중 하나는 더 가까이 다가가 볼수록 더 많은 것이 나타난다는 점이다. 가까이에서 보면 언덕과 숲도 보인다(아, 물론 이것들은 닭살과 털이다). 그런데 더 가까이 다가가 보면 엄청나게 많은 세포들이 모여 있는 걸 볼 수 있다.

세포가 무엇인지 기억하고 있겠지? 64쪽에서 로버트 훅이 발견한 바로 그것 말이다! 이제 동물 세포, 그중에서도 특히 사람 세포를 볼 때가 되었다. 그러려면 먼저 기초적인 사실부터 알아 두어야지?

아주 작은 괴물들에 관한 진상 조사 X-파일

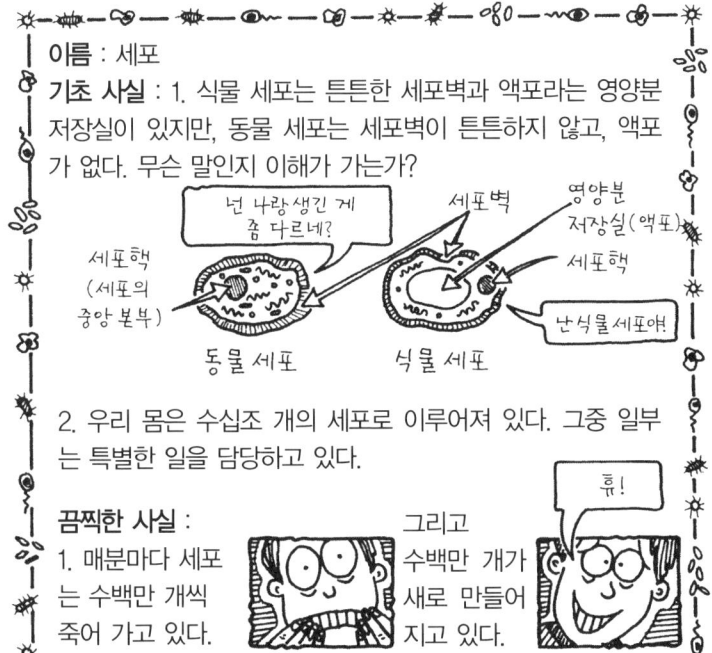

이름 : 세포

기초 사실 : 1. 식물 세포는 튼튼한 세포벽과 액포라는 영양분 저장실이 있지만, 동물 세포는 세포벽이 튼튼하지 않고, 액포가 없다. 무슨 말인지 이해가 가는가?

넌 나랑 생긴 게 좀 다르네?
세포벽
영양분 저장실(액포)
세포핵 (세포의 중앙 본부)
세포핵
난 식물 세포야!
동물 세포
식물 세포

2. 우리 몸은 수십조 개의 세포로 이루어져 있다. 그중 일부는 특별한 일을 담당하고 있다.

끔찍한 사실 :
1. 매분마다 세포는 수백만 개씩 죽어 가고 있다.

그리고 수백만 개가 새로 만들어지고 있다.

휴!

2. 입속의 세포는 겨우 며칠 밖에 살지 못하는데, 죽은 세포는 떨어져 나가 침에 섞여 여러분의 뱃속으로 들어간다. 그러니까 여러분은 자신의 몸을 조금씩 먹고 있는 셈이다! 다른 세포들은 이보다 좀 더 오래 산다. 예를 들면, 간세포는 최고 5년까지 산다.

덩달이! 뭘 먹고 있는 거야?
절 먹고 있어요.

그렇지만 세포 속으로 들어가 보면, 정말로 놀라운 광경이 펼쳐진다. 각각의 세포는 작은 공장과 같다. 정말로 공장처럼 생겼고, 공장처럼 돌아가고 있다. 그래서 우리는 공장장인 빤질이에게 세포 공장을 구경시켜 달라고 부탁했다.

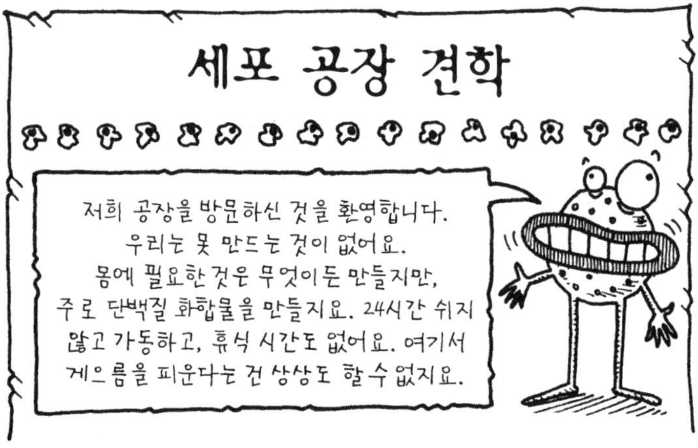
세포 공장 견학
저희 공장을 방문하신 것을 환영합니다.
우리는 못 만드는 것이 없어요.
몸에 필요한 것은 무엇이든 만들지만,
주로 단백질 화합물을 만들지요. 24시간 쉬지
않고 가동하고, 휴식 시간도 없어요. 여기서
게으름을 피운다는 건 상상도 할 수 없지요.

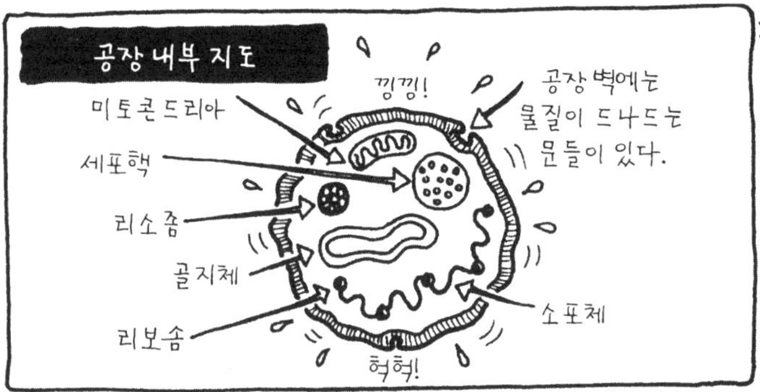
공장 내부 지도
미토콘드리아
세포핵
리소좀
골지체
리보솜
낑낑!
공장 벽에는 물질이 드나드는 문들이 있다.
소포체
헉헉!

맨 먼저 들를 곳은 바로 제 사무실인 **'세포핵'** 이죠. 이곳에 있는 DNA 컴퓨터가 작업 현장에 있는 게으른 일꾼들에게 할 일을 지시하죠.

이것 해!
저것도 해!

지지직!

미토콘드리아 발전소

이곳은 세포 내 자체 에너지를 생산하는 공장입니다. 어떻게 에너지를 생산하는지는 묻지 마세요. 나는 현장 책임자가 아니라 공장장이라니까요! 포도당과 산소를 재료로 사용하여 ATP*(이것은 일종의 에너지 벽돌과 같은 것인데, 세포 내의 필요한 곳으로 운반된 다음, 거기서 분해되어 에너지를 내지요)를 만들어 냅니다.

접근
금지

골지체

이곳은 단백질 저장 창고입니다.

헉헉!
끙끙!

리보솜

이곳은 실제로 작업이 이루어지는 현장이지요. 일꾼들이 세포가 성장하는 데 필요한 단백질을 합성합니다. 정말 열심히들 일하지요. 네? 그렇다고 임금을 올려 줄 수는 없어요.

*과학적 해설
ATP란
아데노신삼인산을
가리킨다.
과학 시간에
ATP 이야기를
꺼내 보라!
선생님은 깜짝 놀라
턱이 빠질 것이다.

위이잉!

소포체

우리가 자랑하는 세포 내 지하철망이죠. 소포체는 공장 내에서 단백질을 최대의 효율로 수송함으로써 생산성을 높이는 일을 담당합니다.

넌 쓰레기야!
허걱!

리소좀

이곳은 폐기물 처리 공장인데, 공장에서 나온 폐기물과 때로는 일꾼들도 처리합니다. 그렇지만 너무 염려하실 것 없습니다. 산으로 깨끗이 녹여 처리하고, 고통도 전혀 없답니다.

경영 전략

공장이 너무 커지면, 우리는 한가운데를 잘라 둘로 분리합니다. 이것은 보통 복잡한 일이 아닌데, 세포핵과 DNA 컴퓨터를 비롯해 공장 안에 있는 모든 것을 정확하게 하나씩 더 복제해야 하기 때문이죠. 그렇지만 대신에 생산력이 두 배로 늘어나니 그럴 만한 가치가 충분히 있지요.

세포 분열 과정
세포
8자 모양으로 변한 세포
둘로 분열된 세포

★ 요건 몰랐을걸!

만약 여러분 코끝에 있는 세포의 세포핵이 공원만 한 크기라면, 물을 이루는 원자 하나는 우표보다 작고, 여러분의 머리는 지구만 할 것이다! 그렇게 큰 머리를 가진 사람 본 적 있어?

그래, 세포 공장에서 일하고 싶은 마음이 전혀 나지 않는다고? 뭔가 다른 일을 원하는 사람을 위해 뺀질이 공장장이 세포들이 할 수 있는 몇 가지 흥미로운 일을 제안하겠단다.

인체 소식

급히 구함!

모험을 좋아하는 적극적인 성격의 세포라면……

대식 세포가 되어 폐에서 일을 해 보세요!
하는 일은 세균을 붙잡아 먹어치우는
것입니다. 식사 공짜 제공!
거대하고 으스스한 콧물 엘리베이터를 타고
코까지 먼 거리를 이동하는 경우도 있습니다.

끄억!

움직이길 싫어하는 세포라면……

출렁!

지방 세포가 되는 게 어때요?
몸에서 에너지가 필요할 때까지 지방 덩어리가 되어 가만히 있으면 됩니다. 근무 장소는 다양하게 선택할 수 있답니다. 질척질척한 위나 불룩한 궁둥이, 두툼한 뱃살 등 아주 다양한 근무 장소가 마련돼 있어요. 게다가 음식도 공짜로 제공합니다!

아주 게으른 세포라면……

음, 이 일에는 지원하지 마세요!
여기에는 아주 열심히 일하는 뼈 모세포가 필요하답니다. 칼슘을 사용해 몸속의 뼈를 만드는 일이지요. 자부심을 갖고 최선을 다하는 숙련된 일꾼이 필요해요.

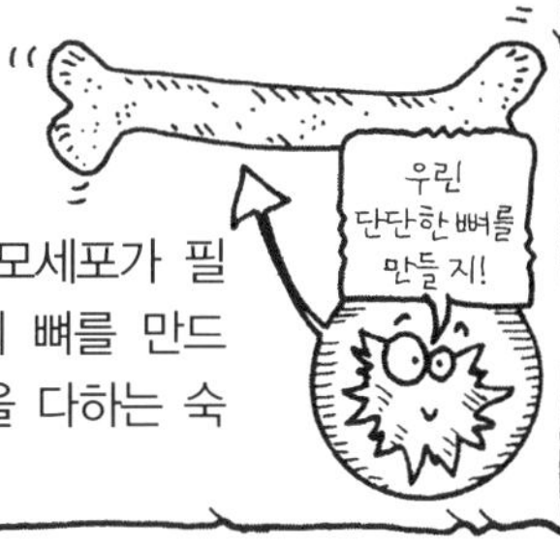
우린
단단한 뼈를
만들 지!

세포를 연구한 과학자들

생물에게 세포가 얼마나 중요한 것인지 과학자들이 깨닫기까지는 오랜 세월이 걸렸다. 그 관계를 처음으로 알아낸 사람 중 하나가 독일의 테오도르 슈반(1810~1882)이다. 어린 시절에 슈반은 공부도 잘하고 모든 사람에게 친절한, 요즘 아이들이 보면 한마디로 재수 없는 아이였다. 슈반은 커서 과학자가 되었는데, 효모가 당분을 먹어치우면서 알코올을 만들어 내기 때문에 술이 만들어진다는 사실을 알아냈다. 또 동물의 신체를 많이 연구한 끝에 모든 신체 부위가 세포로 이루어져 있다는 사실도 알아냈다. 불행하게도, 그를 시기하던 과학자들이 효모에 관한 슈반의 주장을 공격하고 나섰는데, 이에 충격을 받은 슈반은 대부분의 연구를 그만두었다.

슈반의 주장은 틀렸어!
효모가 발효시킨 알코올 음료
그래! 거기에 건배!

그 후, 염료와 현미경이 점점 발달하면서 과학자들은 몸을 이루는 세포들에도 종류가 여러 가지 있다는 사실을 알게 되었다. 그렇지만 한 종류의 세포만큼은 오랫동안 정확한 모습을 발견하지 못했는데, 그것은 바로 신경 세포였다. 신경은 우리 몸의 각 부분과 뇌 사이에 메시지를 전달하는 전화망과 같다. 그렇지만 현미경으로 신경 세포를 보기란 매우 어려웠다. 그러다가…….

명예의 전당 : 산티아고 라몬 이 카할(Santiago Ramon y Cajal; 1852~1934)

국적 : 에스파냐

어린 시절에 카할은 감수성이 예민한 예술가 기질이 있어서 화가가 되려고 했다. 그렇지만 감수성도, 예술가 기질도 없던 아버지는 아들이 자기처럼 의사가 되길 원했다. 카할은 이에 반항심이 생겨 학교에 가지 않았다. 괜히 흉내 내려고 하지 마라. 여러분은 무사하지 못할 테니까!

그것은 카할도 마찬가지였다. 아버지는 그 벌로 카할을 구두 만드는 사람에게 보내 일을 배우게 했다. 결국 카할은 의학도 그리 나쁘지 않다고 생각하여 아버지와 함께 의학을 연구했다. 그런데 한 가지 문제가 있었으니, 당시에는 뼈를 연구하는 데 필요한 해골이 부족했는데 카할 가족은 가난해서 그것을 살 돈이 없었다.

그래서 그들은 어떻게 했을까?

a) 구두를 만들어 팔아 뼈를 샀다.

이거면 골반뼈 두 개와 갈비뼈 한 세트를 살 수 있겠군.

b) 사람을 죽여 그 뼈를 연구했다.

c) 교회 묘지에서 무덤을 파 뼈를 훔쳤다.

아멘
아멘
서둘러! 좀 있으면 사람들이 올 거야!

답 : c). 그것은 아주 큰 범죄 행위였기 때문에 그들은 캄캄한 밤에 몰래 뼈를 훔쳤다. 교회 목사에게 들키기라도 했더라면, 자기 뼈도 추리기 힘들었을 것이다.

열심히 의학 지식을 쌓은 아버지는 교수가 되었고, 아들은 군대에서 군의관으로 잠깐 일한 뒤에 아버지가 교수로 있던 대학에서 연구했다. 1880년대에 카할은 현미경에 푹 빠졌는데, 한 가지 문제가 있었다. 그가 일기를 남겼더라면 아마도 다음과 같이 쓰지 않았을까?

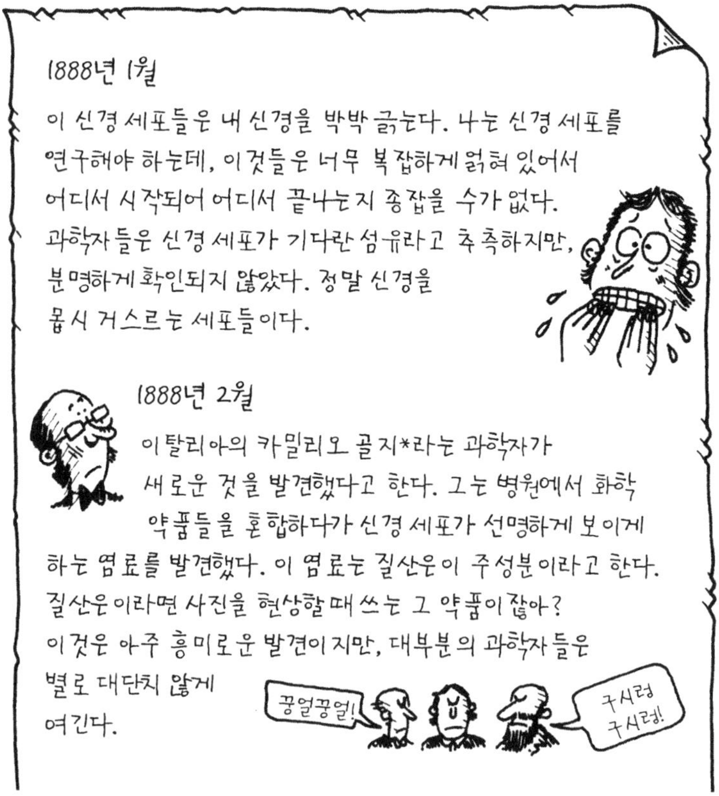
1888년 1월

이 신경 세포들은 내 신경을 박박 긁는다. 나는 신경 세포를 연구해야 하는데, 이것들은 너무 복잡하게 얽혀 있어서 어디서 시작되어 어디서 끝나는지 종잡을 수가 없다. 과학자들은 신경 세포가 기다란 섬유라고 추측하지만, 분명하게 확인되지 않았다. 정말 신경을 몹시 거스르는 세포들이다.

1888년 2월

이탈리아의 카밀리오 골지*라는 과학자가 새로운 것을 발견했다고 한다. 그는 병원에서 화학 약품들을 혼합하다가 신경 세포가 선명하게 보이게 하는 염료를 발견했다. 이 염료는 질산은이 주성분이라고 한다. 질산은이라면 사진을 현상할 때 쓰는 그 약품이잖아? 이것은 아주 흥미로운 발견이지만, 대부분의 과학자들은 별로 대단치 않게 여긴다.

궁얼궁얼!
구시렁 구시렁!

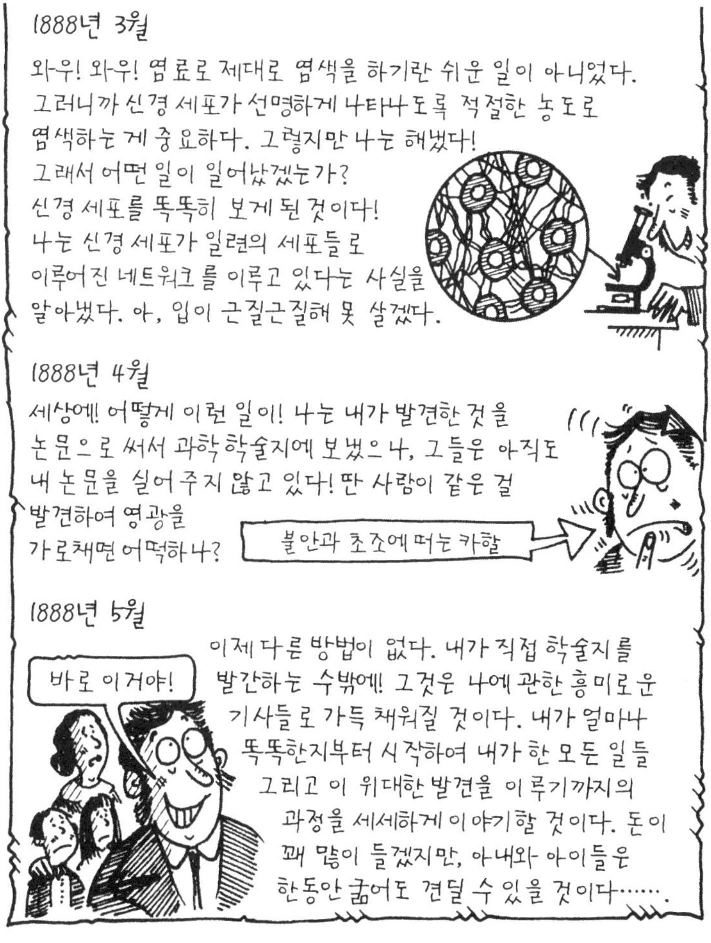
1888년 3월
와우! 와우! 염료로 제대로 염색을 하기란 쉬운 일이 아니었다. 그러니까 신경 세포가 선명하게 나타나도록 적절한 농도로 염색하는 게 중요하다. 그렇지만 나는 해냈다! 그래서 어떤 일이 일어났겠는가? 신경 세포를 똑똑히 보게 된 것이다! 나는 신경 세포가 일련의 세포들로 이루어진 네트워크를 이루고 있다는 사실을 알아냈다. 아, 입이 근질근질해 못 살겠다.
1888년 4월
세상에! 어떻게 이런 일이! 나는 내가 발견한 것을 논문으로 써서 과학 학술지에 보냈으나, 그들은 아직도 내 논문을 실어 주지 않고 있다! 딴 사람이 같은 걸 발견하여 영광을 가로채면 어떡하나?
불안과 초조에 떠는 카할
1888년 5월
바로 이거야!
이제 다른 방법이 없다. 내가 직접 학술지를 발간하는 수밖에! 그것은 나에 관한 흥미로운 기사들로 가득 채워질 것이다. 내가 얼마나 똑똑한지부터 시작하여 내가 한 모든 일들 그리고 이 위대한 발견을 이루기까지의 과정을 세세하게 이야기할 것이다. 돈이 꽤 많이 들겠지만, 아내와 아이들은 한동안 굶어도 견딜 수 있을 것이다…….

* 그렇다. 골지체를 발견한 사람이 바로 카밀리오 골지다.

그 학술지는 에스파냐어로 출간되었기 때문에, 대부분의 외국 과학자들은 그것을 제대로 읽을 수 없었다. 그렇지만 결국 소문이 점점 퍼져 나가 카할은 유명해졌고, 1906년에 골지와 함께 노벨상을 공동 수상했다. 그렇지만 신경 세포에 관한 논

쟁은 여전히 계속되었는데, 골지는 여전히 그것이 섬유라고 생각했기 때문이다.

그런데 죽은 신경 세포를 들여다보는 것은 다음 장에 나오는 괴물들을 들여다보는 것에 비하면 봄날의 소풍과 같다. 이들은 현미경으로 보는 것 중 가장 흉측하게 생긴 괴물이다. 불행하게도, 이 작은 괴물들은 집에서 여러분과 함께 살고 있다. 뭐라고? 여러분의 동생을 말하는 게 아니다!

과연 여러분은 다음 장을 끝까지 읽을 용기가 있을까?

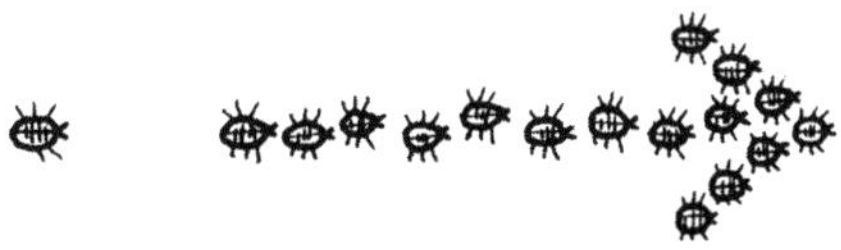

집 안에 숨어 있는 공포의 작은 괴물들

꺄악!

이 장은 여러분의 집에 유령처럼 머물면서 여러분이 먹는 음식에 몰래 숨어들기도 하는 아주 작은 괴물들에 관한 이야기다. 과연 여러분의 집은 안심하고 살 만큼 안전할까? 이러한 의문에 대한 답을 알고 싶으면 계속 읽어 보라!

한 가지는 분명하다. 그래도 옛날보다는 사정이 많이 나아졌다는 것! 400년 전만 해도 다른 집에 초대를 받은 손님은 그 집을 보고는 충격과 경악을 금치 못하곤 했다. 네덜란드의 유명한 작가인 에라스무스는 초대받은 집에서 바닥을 내려다보다가 다음과 같은 것들을 보았다.

침과 구토물, 개와 사람의 오줌, 맥주, 생선 찌꺼기, 그리고 차마 말로 표현할 수 없는 온갖 더러운 것들이 다 널려 있었다.

당시에는 모든 집이 이렇게 불결했기 때문에 미생물에게는 천국이나 마찬가지였다(여러분 집은 이보다는 깨끗하길 빈다). 그러나 오늘날에도 겉보기에는 집 안이 아무리 깨끗해 보이더라도, 곳곳에 끔찍한 미생물이 도사리고 있다.

예를 들면 다음과 같은 것들 말이다.

여러분의 집 안에 숨어 있는 공포의 작은 괴물 다섯 가지

1. 공기 $0.03m^2$ 안에는 먼지, 죽은 피부 조각, 재, 고무 조각 약 30만 개가 떠다니고 있다. 여러분은 숨을 쉴 때마다 이것들을 들이마시지만, 다행히도 대부분이 콧물과 점액으로 뒤덮인 코와 목에서 붙들린다.

2. 혹시 고양이를 키우는지? 고양이가 자기 몸을 핥을 때마다 미세한 침방울이 보이지 않는 구름을 이루어 사방으로 퍼진다. 몇 시간 동안만 이렇게 몸단장을 하면, 작은 침방울 수십억 개가 온 사방에 떠다니면서 집 안의 모든 벽과 바닥과 표면을 고양이 침이 뒤덮을 것이다.

3. 만약 집 안에서 개를 키운다면, 온 집 안에 개털이 널려 있을 것이다. 털갈이를 하는 봄에는 특히 개털이 많이 날린다. 자세히 보면 개털은 보통 털과 그것보다 더 긴 털의 두 종류가 있다. 긴 털은 짧은 털을 보호하고, 피부 가까이에 따뜻한 공기를 가두어 몸을 보온하는 역할을 한다. 깜빡 잊을 뻔했군! 개털에는 지저분한 개의 비듬도 덕지덕지 붙어 있다.

4. 그뿐만이 아니다. 재수가 없으면 개의 몸에 이가 붙어사는 경우도 있다. 개털에는 작은 알들이 붙어 있고, 몸길이 1.5mm 정도의 흉측한 괴물들이 새 친구를 찾아 집 안을 스멀스멀 기어 다닌다.

도대체
지저분해서
같이 못
산다니까!

5. 카펫 밑에는 '털투성이 곰'이 살고 있을지도 모른다. 깊은 산 속을 어슬렁거리며 돌아다니는 커다란 곰을 말하는 게 아니다! 이것은 딱정벌레의 일종인 수시렁이 유충인데, 카펫을 갉아먹는다. 이들은 고양이 비듬이나 개털, 심지어는 사람의 털까지도 맛있게 먹는다(하기야 아침, 점심, 저녁을 모두 카펫만 먹는다면 지겨울 것이다). 만약 부모님이 이 유충들을 발견한다면, 카펫과 함께 통째로 씹어 먹으려고 들지 않을까?

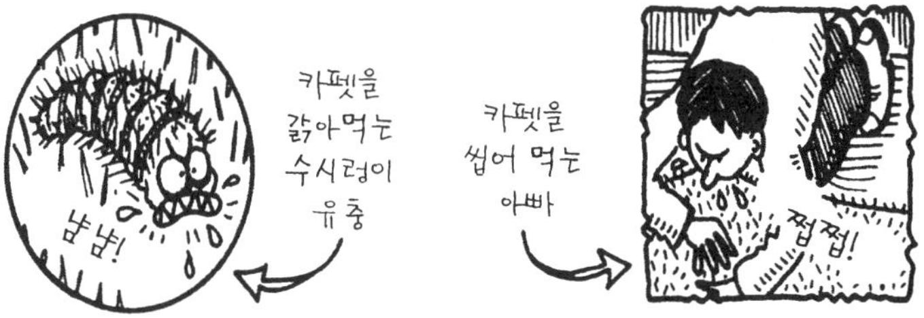
냠냠!
카펫을 갉아먹는 수시렁이 유충
카펫을 씹어 먹는 아빠
쩝쩝!

그렇지만 이 정도는 아무것도 아니다. 카펫에는 정말로 무시무시한 괴물이 숨어 있다.

마법의 현미경

또다시 마법의 현미경을 들여다볼 시간이다. 이번에는 진공청소기의 먼지 주머니에 걸린 먼지를 들여다보기로 하자. 아래 원 속을 자세히 살펴보라. 자, 뭔가 보이는 게 있는가?

이제 심호흡을 크게 하고 나서 계속 읽어 보라.

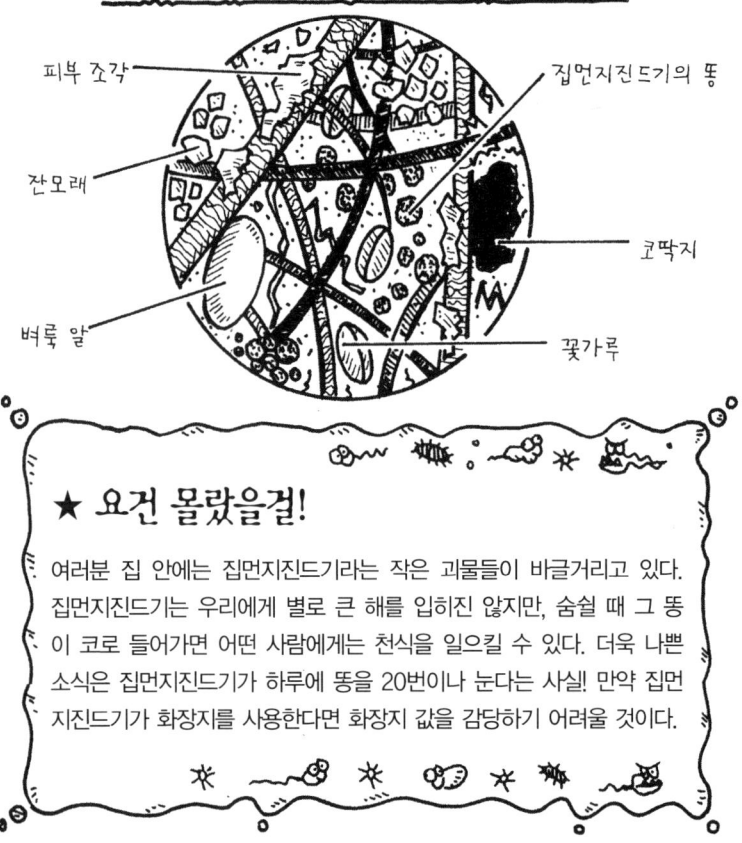

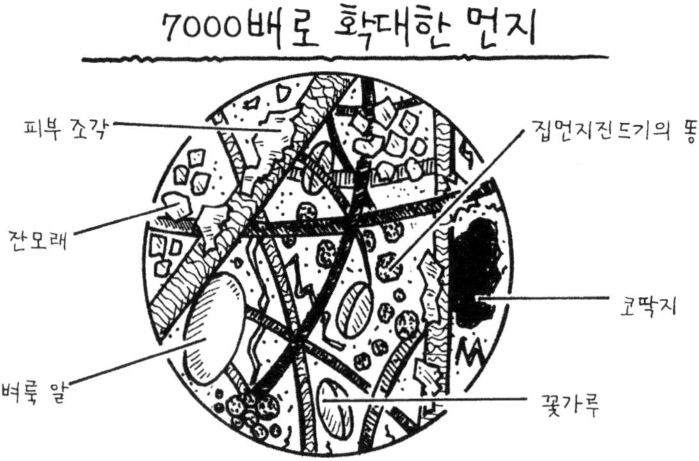
7000배로 확대한 먼지
피부 조각
집먼지진드기의 똥
잔모래
코딱지
벼룩 알
꽃가루

★ 요건 몰랐을걸!

여러분 집 안에는 집먼지진드기라는 작은 괴물들이 바글거리고 있다. 집먼지진드기는 우리에게 별로 큰 해를 입히진 않지만, 숨쉴 때 그 똥이 코로 들어가면 어떤 사람에게는 천식을 일으킬 수 있다. 더욱 나쁜 소식은 집먼지진드기가 하루에 똥을 20번이나 눈다는 사실! 만약 집먼지진드기가 화장지를 사용한다면 화장지 값을 감당하기 어려울 것이다.

나도 과학자가 될 수 있을까?

1973년, 의사인 로버트 해덕은 괌 섬에서 수수께끼의 질병을 만났다. 살모넬라균으로 인한 식중독이 자주 발생했는데, 그 원인을 알 수 없었다. 섬 주민들은 언제나처럼 똑같은 음식을 먹었는데, 그 음식은 대부분 살균된 통조림에 담겨 섬에 들어왔다.

그런데 어떻게 음식에 세균이 들어갈 수 있었을까? 결국 해덕은 수수께끼의 해답을 찾아냈다.

그 원인은 과연 무엇이었을까?

a) 사람들이 화장실에 다녀오면서 손을 씻지 않아 손에 묻은 세균이 요리할 때 음식물로 옮겨 갔다.

b) 고양이가 식탁 위를 뛰어다니면서 음식에 침을 질질 흘려 세균을 옮겼다.

c) 세균을 빨아들인 진공청소기가 그것을 다시 사방에 퍼뜨렸다.

세균
자, 우리 널리 퍼지자!
야호!
정말 재미있군!
끄악!

답 : c). 진공청소기로 바닥을 청소할 때, 세균처럼 미세한 물체들도 청소기 안으로 빨려 들어간다. 그렇지만 이들은 크기가 너무 작아서 먼지 주머니와 필터를 통과해 온 사방으로 퍼지게 된다. 그것보다 더 끔찍한 것은 카펫에 숨어 사는 진드기 똥도 구름이 되어 나타난다는 사실! 한편, 청소기 안으로 빨려 들어간 새끼진드기들은 그곳에 풍성하게 쌓인 피부 조각을 먹으면서 행복한 시간을 보낸다.

무시무시한 건강 경고!

지금 왜 헛구역질을 하고 있는 거야? 진공청소기를 돌리겠다고 한 건 여러분 자신이 아니었는가? 그렇지만 여러분은 아직 죽지 않고 멀쩡히 살아 있잖아? 우리의 몸은 웬만한 세균은 다 물리칠 수 있고, 진드기 똥도 대부분 코와 목의 콧물과 점액에 들러붙는다. 그러니 괜히 핑계대지 말고, 가서 청소를 도울 것!

★ 요건 몰랐을걸!

이 책을 들고 자리에 앉아 숨을 깊이 들이쉬라. 자, 준비됐는가? 나쁜 소식이 있다. 카펫에 숨어 산다는 그 역겨운 집먼지진드기 기억하고 있지? 집먼지진드기는 단지 카펫에만 사는 게 아니다. 여러분의 침대에도, 베개에도 숨어 있다. 또 이보다 더한 소식이 있다. 계속 읽어 보는 게 좋을 것이다…….

냠냠!
스멀스멀!
슬금슬금!
쩝쩝!
뿌웅!
살금살금!

저자의 잔소리

앞에서 세균에 대해 한 이야기 기억하고 있겠지? 불안에 떨 것 없다. 집먼지진드기는 사람이 동굴에서 살던 시절부터 우리와 함께 살아왔다. 그렇지만 우리에게 큰 해를 끼친 적은 없었다! 어떤 집먼지진드기가 카펫에 사는 여자 친구에게 편지를 썼다고 상상해 보자. 음, 물론 현실과 동떨어진 이야기라는 건 나도 인정한다. 요즘에 누가 편지를 쓰겠어?
휴대 전화를 사용하겠지…….

카펫 나라에 사는
쩐순이에게

베개.

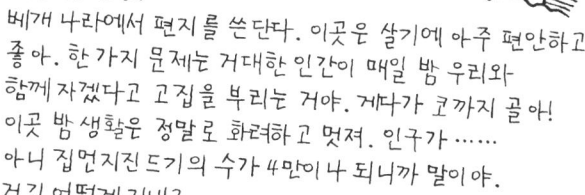

쩐순아, 안녕?
베개 나라에서 편지를 쓴단다. 이곳은 살기에 아주 편안하고 좋아. 한 가지 문제는 거대한 인간이 매일 밤 우리와 함께 자겠다고 고집을 부리는 거야. 게다가 코까지 골아!
이곳 밤 생활은 정말로 화려하고 멋져. 인구가……
아니 집먼지진드기의 수가 4만이나 되니까 말이야.
거긴 어떻게 지내?

사랑하는 친구
쩐득이가

내 친구들이
안부 전해 달래.

쩐순아, 안녕?
전에 말했던 대로 이곳 생활은 정말 멋져!
할머니와 증조할머니를 포함해 온 가족이 함께 살고 있어.
고조할머니는 돌아가셨지만, 내가 똥을 누러 갈 때마다
썩고 있는 고조할머니의 시체를 볼 수 있어.

거기에는 먹을 것도 지천으로 널려 있지.
먹을 것은 모두 내가 전에 말했던 인간에게서 나와. 죽은 피부 조각과 기름, 말라붙은 침 같은 걸 뿌려 주거든.
정말로 자상도 하지! 게다가 인간은 우리를 따뜻하게까지 해 준다니까! 그러니까 부족한 게 하나도 없어!
또 연락할게.

쩐득이가

죽은 피부 … 조각

질질!

안녕, 찐순아?
오늘은 끔찍한 하루였단다. 처음에는
순조롭게 시작되었지. 고양이가 베개 위에서 자면서
말라붙은 침방울을 남겨 주어 우리는 맛있는 아침 식사를
할 수 있었어. 만날 죽은 피부만 먹다가 신선한 비린내가
풍기는 고양이 침은 별미였지. 나는 엉덩이로 가스를 약간
내뿜었어(알다시피 이건 방귀가 아니라, 우리 가족에게
와서 진수성찬을 즐기라는 화학적 신호지).

뿌웅!

그때, 거대한 아가리가 다가오는 게 보이지 않겠어!
그것은 발톱진드기였어! 발톱진드기가
우리 집먼지진드기에게 무슨 짓을 하는지는
굳이 설명하지 않아도 알고 있겠지?

발톱진드기는 날 쫓아왔지만,
나는 잽싸게 달아났어. 대신에 내 여동생을 붙잡더니 순식간에
먹어치워 버렸어! 항상 아옹다옹 다투던 얄미운
여동생이었지만, 발톱진드기의 간식거리가 되다니
불쌍해 죽겠어. 내 침대조차 안전하지 않다면,
세상에 안전한 곳이 어디 있겠어?

나는 인간의 옷 속으로 기어 들어갔어.
인간이 옷을 입으면 거기에 붙어 이곳을
탈출할까 해.
그럼, 곧 카펫 나라에서 만나자.

영원한 친구, 찐득이가

안녕!

무시무시한 건강 경고!

베개에 사는 진드기는 아무 해도 끼치지 않으니 법석 떨지 말도록! 진드기가 무서워 잠을 못 자겠다고 칭얼대면 아빠가 베개 대신에 나무토막을 베고 자라고 할지도 모른다. 그럼 통나무처럼 얌전히 누워 자겠군! 하하!

그런데 집 안에는 여러분이 생각하는 것보다 훨씬 많은 진드기가 살고 있다. 그 수가 얼마나 많은가 하면…….

〈앗, 이렇게 재미있는 과학이!〉
꺄악!
끼야!
으악!
우욱!
꼬르륵!
그다지 깨끗하지 않은 집 박람회
침실
2인용 침대에는
최고 20만 마리!
침실
정원에 사는 잎응애가
겨울을 지내기 위해
실내로 들어온다.
부엌
밀가루나 시리얼을
먹어치우는
가루응애
침실
고양이의 살 속을
파고드는 개선충
때문에 지저분해진
야옹이 털
거실
오래된 책을
갉아먹는
책좀
발코니
잉꼬의 몸에서 떨어지기
싫어하는 새진드기

이제 다 끝났냐고? 천만의 말씀! 여러분의 집 안에는 세균도 우글거리고 있다. 세균은 온 가구 위와 벽지 위를 스멀거리고 있고, 부엌에서도 침을 질질 흘리면서 여러분의 음식을 먹어치우고 있다. 함께 먹을 사람?

미생물 건강 일보

맛난 음식, 별난 음식 소개

후루룩 쩝쩝 기자 씀

안녕하세요, 작은 친구들? 음식을 냠냠 먹어치우는 것보다 우리 세균이 좋아하는 것도 없지요. 그렇지만 우리는 식사 때마다 무슨 사고를 당하지 않을까 불안해하곤 하지요. 저는 살균제를 먹으려고 도전했던 날이 결코 잊혀지지 않는군요. 어쨌든 오늘은 우리 맛집 원정대가 여러 곳을 돌아다니면서 철저히 조사한 끝에 알아낸 가장 맛있고 값싼 곳을 소개해 드리려고 해요.

여러분의 안전을 위한 충고

무엇보다도 안전이 중요하지요. 매년 수백억 마리의 세균이 치명적인 사고를 당해 목숨을 잃고 있어요. 조금만 주의한다면 얼마든지 피할 수 있는 사고인데도 불구하고 말입니다. 외식을 하러 나갈 때에는 몇 가지 사실을 꼭 명심하도록 하세요!

으악!

1. 표백제 눈에 띄면 부리나케 1km쯤 달아나세요! 1km쯤 달아나기가 힘들다면 몇 mm라도 꿈틀대며 도망치도록 하세요. 표백제에 닿으면 그 자리에서 죽음입니다!

2. 소금 절대로 이것을 많이 먹어서는 안 됩니다. 그러면 몸이 소금의 농도를 낮추기 위해 물을 많이 흡수하게 되는데, 그러다가 몸이 폭발해 버려요!

쭉쭉!
쭉쭉!

부엌
쓰레기통
레스토랑

고전적인 분위기가 물씬 풍기는 레스토랑입니다! 미식가 세균이라면 반드시 한 번 들러야 할 곳이지요. 다양한 메뉴와 함께 고양이 먹이와 식은 밥 그리고 '아빠가 또다시 망친 요리', '어젯밤에 먹다 남긴 카레' 같은 옛 정취가 물씬 풍기는 음식도 항상 준비돼 있습니다. 후식으로는 끈적끈적한 요구르트 찌꺼기 어떠세요? 강력 추천!

행주 식당

수분이 가득 넘치고 향기로운 냄새가 물씬 풍기는 값싸고 즐거운 식당입니다. 촉촉한 분위기에서 썩어 가는 빵 부스러기와 미끌미끌한 지방질 수프 등 다양한 요리를 맛볼 수 있습니다.

식은
스튜 카페

삶은 고기와 야채는 맛도 맛이지만 소화도 잘 된답니다. 소금을 약간 뿌려서 드세요(그렇지만 입맛을 버릴 정도로 너무 많이 치진 마세요). '신선한 곰팡이와 진드기 똥 푸딩' 같은 아주 유혹적인 별미도 맛볼 수 있습니다. 이 식당은 늘 세균들로 만원이지요!
초강력 추천!

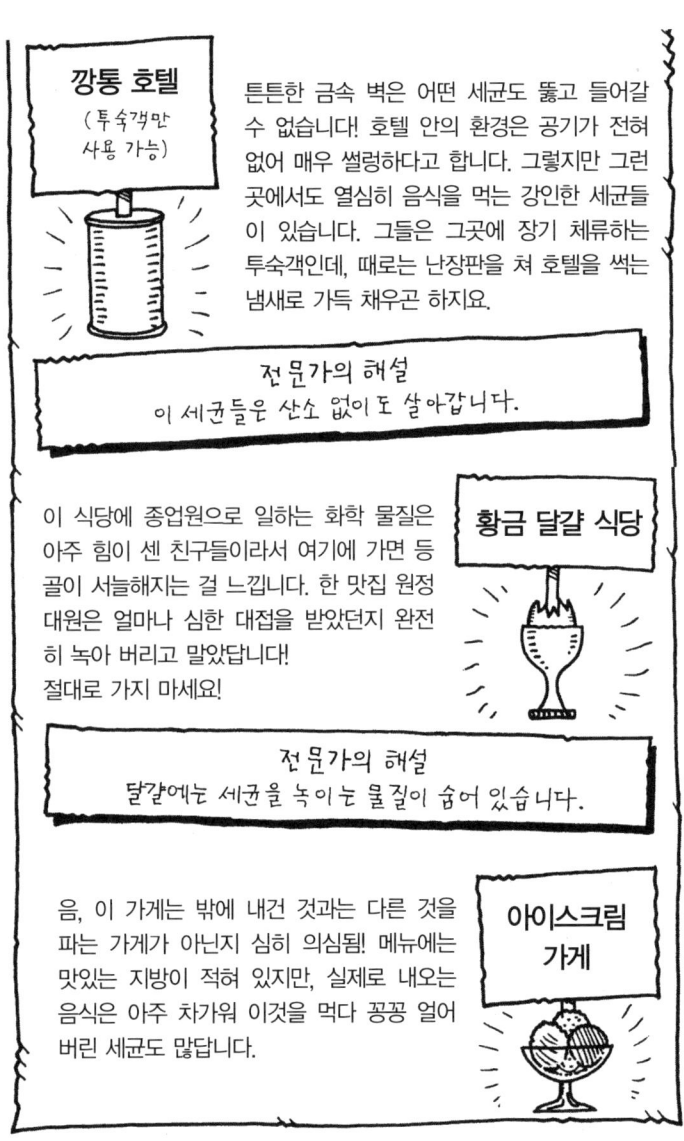

깡통 호텔
(투숙객만 사용 가능)

튼튼한 금속 벽은 어떤 세균도 뚫고 들어갈 수 없습니다! 호텔 안의 환경은 공기가 전혀 없어 매우 썰렁하다고 합니다. 그렇지만 그런 곳에서도 열심히 음식을 먹는 강인한 세균들이 있습니다. 그들은 그곳에 장기 체류하는 투숙객인데, 때로는 난장판을 쳐 호텔을 썩는 냄새로 가득 채우곤 하지요.

전문가의 해설

이 세균들은 산소 없이도 살아갑니다.

황금 달걀 식당

이 식당에 종업원으로 일하는 화학 물질은 아주 힘이 센 친구들이라서 여기에 가면 등골이 서늘해지는 걸 느낍니다. 한 맛집 원정 대원은 얼마나 심한 대접을 받았던지 완전히 녹아 버리고 말았답니다!

절대로 가지 마세요!

전문가의 해설

달걀에는 세균을 녹이는 물질이 숨어 있습니다.

아이스크림 가게

음, 이 가게는 밖에 내건 것과는 다른 것을 파는 가게가 아닌지 심히 의심됨! 메뉴에는 맛있는 지방이 적혀 있지만, 실제로 내오는 음식은 아주 차가워 이것을 먹다 꽁꽁 얼어 버린 세균도 많답니다.

자, 밥을 다 먹었거든 이제 슬슬 선생님의 식사를 망쳐 보는 게 어때?

무시무시한 건강 경고!

이것은 그다지 현명하지 못한 행동이 될 수도 있다. 이것 때문에 퇴학을 당하더라도 내가 시켰다고는 절대로 말하지 말길. 알았지?

<앗, 이렇게 재미있는 과학이!>가 추천하는
선생님의 입맛을 뚝 떨어뜨리는 방법

1단계 – 우선 선생님과 같은 식탁에 앉아야 한다. 교내 식당에서 이 사실들을 큰 소리로 떠들면 아주 곤란한 상황에 빠질 수 있다.

2단계 – 식사하는 동안 식사 예절에 조금도 어긋남이 없도록 신경 쓰는 게 중요하다.

해서는 안 되는 일 – 코 후비기, 입 벌리고 음식 먹기, 쩍쩍 입맛 다시기, 트림하기, 기름기 묻은 입을 소매로 쓱 닦기.

썩은 맛 나지 않나요? 닭고기의 맛은 대부분 죽은 고기에 붙어 기어 다니는 세균 때문에 난다는 사실을 알고 계세요?
으깬 감자는 괜찮겠지?

아, 감자 말인가요?
현미경으로 보면 감자를 삶는
바람에 상자 모양의 세포들이
터진 걸 볼 수 있어요.
그래서 세균이 감자에 침투해
먹어치우기가 한결 쉬워지죠.
그러니까 그 감자에는 지금
세균들이 바글대고 있을걸요!
웩! 물을
마셔야겠어.
물컵은 제대로 씻었나요? 아니라면 앞에 마신
사람의 입에서 흘러나온 아메바들이 득시글대고 있을 거예요.
이걸 마신다면 그 아메바가 선생님의 입속으로 들어가
자리를 잡을걸요!
웩! 화장실이
어느 쪽이야?

★ 요건 몰랐을걸!

배율이 높은 현미경으로 우유를 들여다보면 흰색으로 보이지 않는다. 우유의 흰색은 단백질을 포함하고 있는 카세인이라는 물질에서 나온다. 카세인은 빛을 반사하기 때문에 흰색으로 보인다. 그러나 나머지 액체는 투명한 물에 노란색 지방 덩어리와 그 밖의 작은 물질들이 떠 있다.

선생님 골려 주기

다음 방법으로 선생님을 골려 주면, 여러분은 목재 공장의 나무좀과 같은 취급을 받을 것이다. 그러니 얼굴에 항상 미소를 짓는 것을 잊지 마라. 먼저 교무실 문을 주먹으로 쾅쾅 두드린다. 문이 열리고 선생님이 찻잔을 들고 나타나면 이렇게 물어보라.

선생님, 차 속에 있던 세균은 어떻게 되었나요?
제발 그만 좀 해라!

답 : 주전자에 물을 끓일 때 그 속에는 세균이 상당수 들어 있다. 세균은 공기 중에서 주전자에 들어왔을 수도 있고, 물 속에 포함돼 있을 수도 있다. 물이 가열되면 세균은 따뜻하고 편안함을 느끼게 된다. 그러나 온도가 점점 올라가면 세균의 털이 타 버리고, 끈적끈적한 몸이 녹게 된다. 세균에게는 참으로 비극적인 운명이다. 그건 그렇고, 선생님은 죽어서 녹은 세균 향내가 물씬 풍기는 그 차를 어떻게 소화시킬 수 있는 것일까?

그런데 여러분이 이 징그러운 세균에 관한 이야기를 읽고 화장실로 달려갔다면, 또다시 나쁜 소식이 있다. 세균이 이미 먼저 그곳에 자리 잡고 있기 때문이다. 그리고 지금까지 만난 것 중 최고의 공포가 여러분을 기다리고 있다!

여러분은 과연 다음 장을 읽을 배짱이 있을까?

화장실에 숨어 있는 공포의 괴물들

화장실에 숨어 있는 공포의 괴물들

크르릭

만약 세균이 여러분의 피부 밑이나 피부 위 혹은 코 위나 다른 곳에 숨어 있다면 여러분은 어떻게 하겠는가?

a) 코를 후비고 여드름을 짠다.

b) 다른 사람에게 코를 후비고 여드름을 짜 달라고 부탁한다.

c) 물로 세균을 씻어 낸다.

답 : c). 아마도. 혹은 어떤 과학자가 늘 말하는 것처럼 '맞기도 하고 틀리기도 하다'. 비누를 집으러 가기 전에 우선 몇 가지 기초 사실부터 알아보기로 하자.

아주 작은 괴물들에 관한 진상 조사 X-파일

제목 : 비누와 세포

으아악!

1. 대부분의 사람은 비누가 세균을 죽인다고 생각하지만, 그것은 사실이 아니다. 비누가 직접 세균을 죽이는 일은 드물며, 주로 하는 일은 세균을 배수구로 씻겨 보내는 것이다. 이렇게…….

2. 손을 씻는다고 해서 세균이 떨어져 나가는 것은 아니다. 세균은 피부의 기름 성분 표면에 들러붙어 있기 때문이다. 물은 기름과 잘 섞이지 않기 때문에 세균이 잘 떨어져 나가지 않는다.

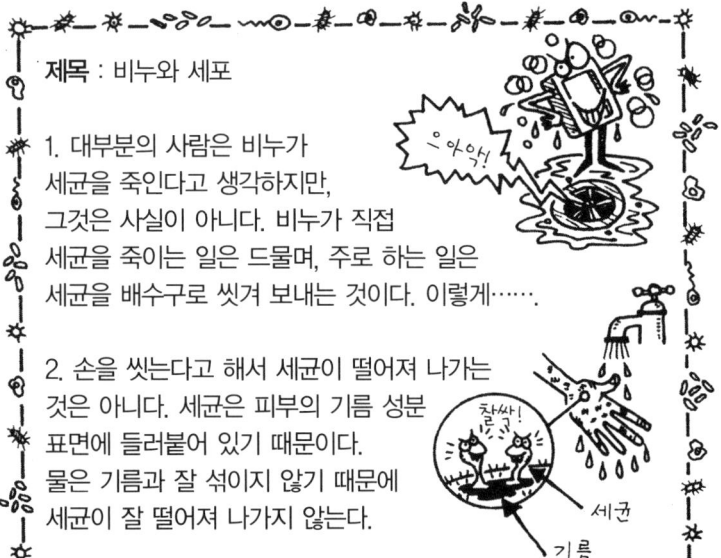

찰싹!
세균
기름

3. 아주 작은 비누 조각(과학자는 이것을 '분자'라 부른다)은 머리와 꼬리가 있는데, 머리에는 나트륨 원자가 들어 있고, 꼬리는 탄화수소 화합물로 이루어져 있다.

이 때문에 물은 기름기와 비누와 세균을 함께 배수구로 씻겨 보낼 수 있다.

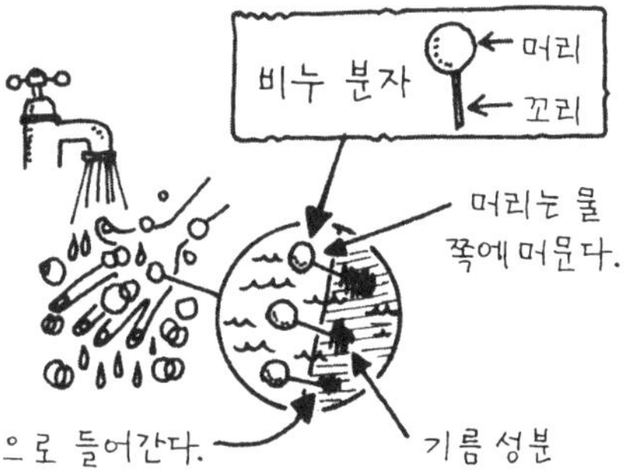

비누 분자
머리
꼬리
머리는 물 쪽에 머문다.
꼬리는 기름 성분 속으로 들어간다.
기름 성분

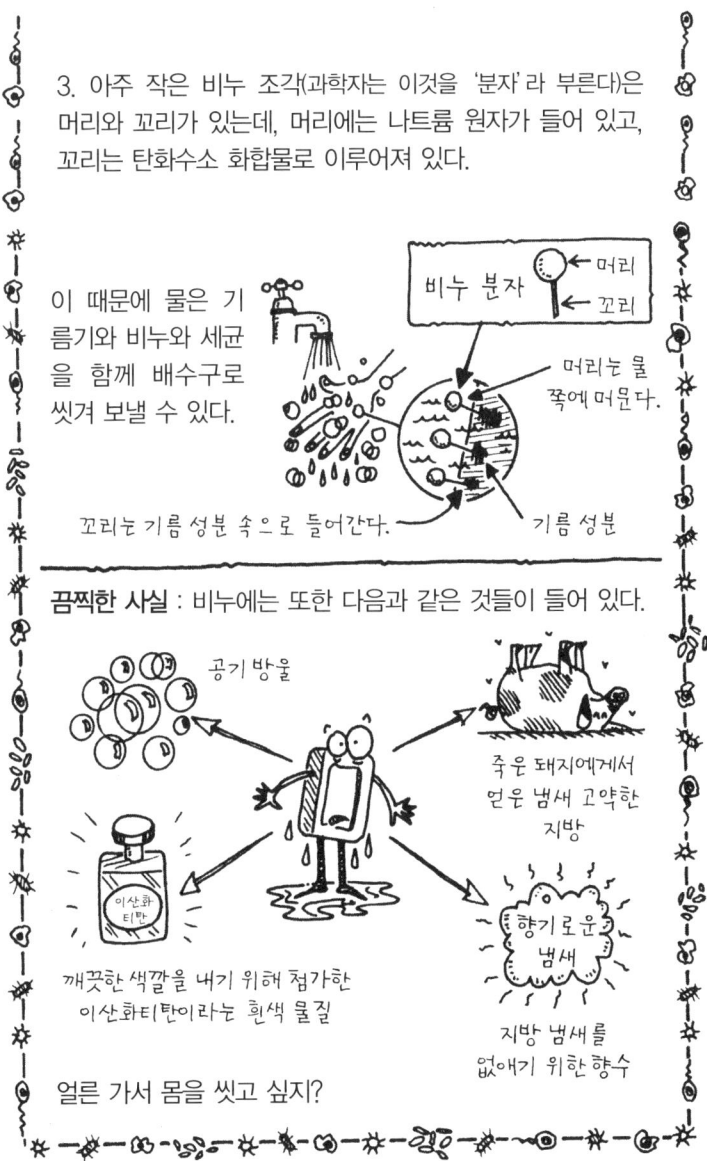

끔찍한 사실 : 비누에는 또한 다음과 같은 것들이 들어 있다.

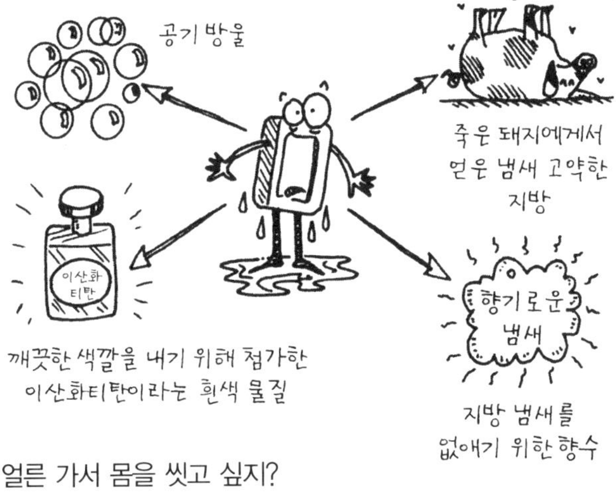

공기 방울
죽은 돼지에게서 얻은 냄새 고약한 지방
이산화 티탄
깨끗한 색깔을 내기 위해 첨가한 이산화티탄이라는 흰색 물질
향기로운 냄새
지방 냄새를 없애기 위한 향수

얼른 가서 몸을 씻고 싶지?

★ 요건 몰랐을걸!

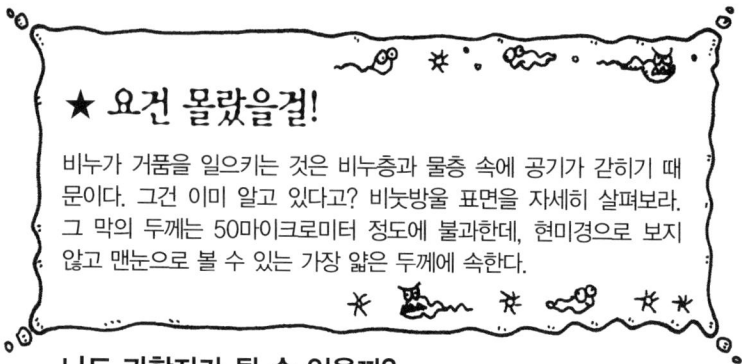

비누가 거품을 일으키는 것은 비누층과 물층 속에 공기가 갇히기 때문이다. 그건 이미 알고 있다고? 비눗방울 표면을 자세히 살펴보라. 그 막의 두께는 50마이크로미터 정도에 불과한데, 현미경으로 보지 않고 맨눈으로 볼 수 있는 가장 얇은 두께에 속한다.

나도 과학자가 될 수 있을까?

과학자들은 오스트레일리아의 한 병원에서 의사들이 손을 어떻게 씻는지 몰래 관찰했다. 그들은 무엇을 발견했을까?

a) 의사들은 마지막 세균까지 없애기 위해 손을 구석구석 아주 열심히 씻었다.

b) 의사들은 손을 아주 열심히 씻었지만, 그 후에 손톱을 깨문다든지 코털을 뽑는다든지 하는 지저분한 일을 했다. 그 때문에 씻은 보람도 없이 손에 여전히 많은 세균이 묻게 되었다.

c) 의사들은 전체 손 중 상당 부분은 제대로 씻지 않았다.

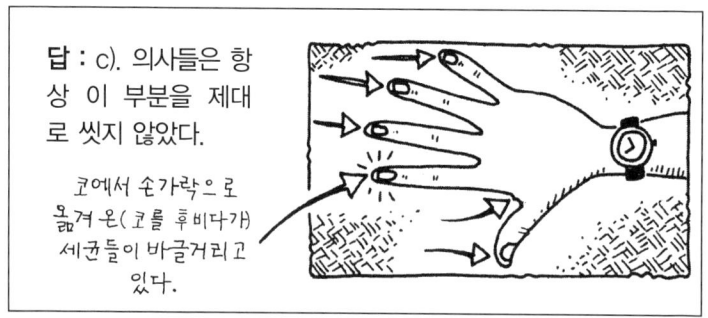

답 : c). 의사들은 항상 이 부분을 제대로 씻지 않았다.

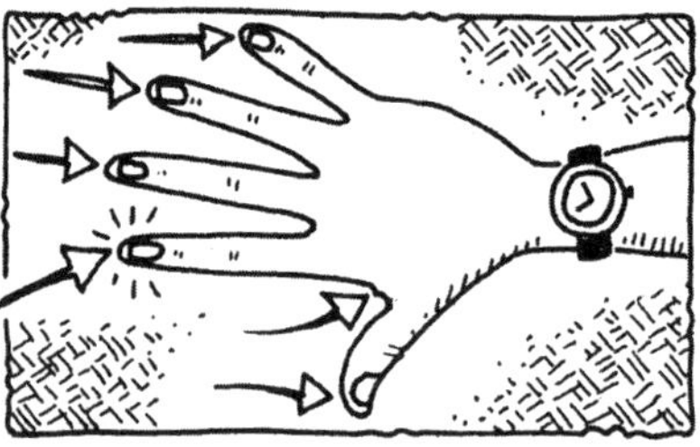
코에서 손가락으로 옮겨 온(코를 후비다가) 세균들이 바글거리고 있다.

다음번에 손을 씻거든 다시 한 번 생각하길. 중요한 부분을 빠뜨리지나 않았는지…….

당연한 일이지만, 화장실은 야생 미생물 자연보호구역이나 다름없다. 그럼, 자연보호구역 관광에 한번 나서 볼까?

〈앗, 이렇게 재미있는 과학이!〉가 제공하는

미생물 사파리 공원

1
2
3
4
5
6
7
8

모든 가족이 즐길 수 있는 환상적인 여행입니다. 실제로 너무너무 재미있어서 여러분이 화장실을 사용하고 싶을 때에도 가족들이 밖으로 나가려고 하지 않을 것입니다!

❶ 흥미진진한 검은곰팡이 숲을 구경하세요!

여러분 눈에 보이는 검은 반점들은 실은 더 많은 검은곰팡이를 만들기 위한 포자를 만드는 구조랍니다. 그리고 그 아래에 있는 먹이를 빨아먹는 작은 관들은 여러분의 화장실을 빨아먹고 있습니다!

우와!

❷ 스쿠버 다이빙을 즐기세요!

물이 넘치는 낭만적인 싱크대에서! 화장실은 다른 어떤 곳보다도 세균이 더 많이 바글거리는 곳이지요!

❸ 칫솔 등반에 도전해 보세요!

거기에는 수많은 세균이 들어붙어 있습니다. 운이 좋으면 입속에서 세균을 먹어치우는 아메바도 볼 수 있어요.

꿀꺽!

4 수건을 자세히 탐사해 보세요!

길 잃은 집먼지진드기와 모낭충을 만날 수 있을 것입니다.

냠냠!

5 문고리 탐사에 나서 보세요!

문고리는 세균을 관찰하기에 아주 좋은 장소지요! 특히 누가 똥을 눈 뒤에 손을 제대로 씻지 않았을 경우에는 많은 세균을 볼 수 있습니다(화장실 문고리 5개 중 하나에 작은 똥 덩어리도 묻어 있다고 함).

푸아!

쩝쩝!

6 비누 식당에서 세균들의 식사 장면을 구경하세요!

비누가 젖어 있다면, 많은 세균들이 비누에 붙어 행복하게 비누를 먹고 있는 걸 볼 수 있습니다.

7 수도꼭지 여행으로 사파리 여행을 마무리하세요!

수도꼭지에서 춤을 추는 세균들이 여러분을 맞아 줄 것입니다.

쿵쿵!
딴딴!
쿵!
짝!

8 변기에서 거대한 소용돌이를 구경하세요!

거대한 소용돌이가 분수처럼 솟아올랐다가 내려갈 때, 아주 작은 물방울과 소변과 세균과 똥이 여러분의 머리 위로 비처럼 쏟아질 것입니다!

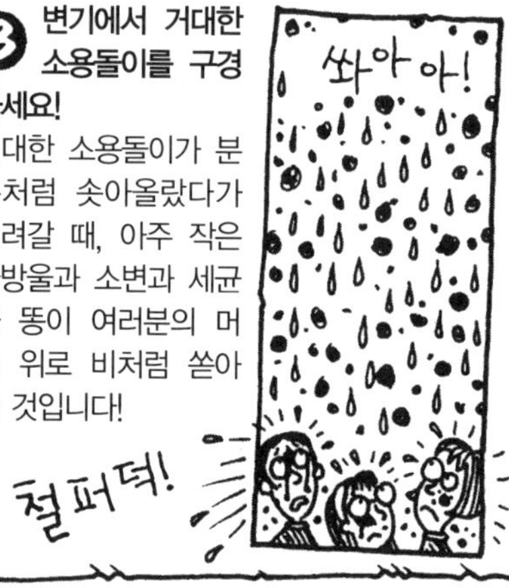

쏴아아!
철퍼덕!

저자 선생님께

선생님 책에서 변기가 세균과 그 밖에 차마 입에 담을 수 없는 것들을 뿌려 댄다고 쓴 부분에 대해 강력히 항의하고자 합니다. 선생님 책 때문에 우리 학교에서는 지난 6주 동안

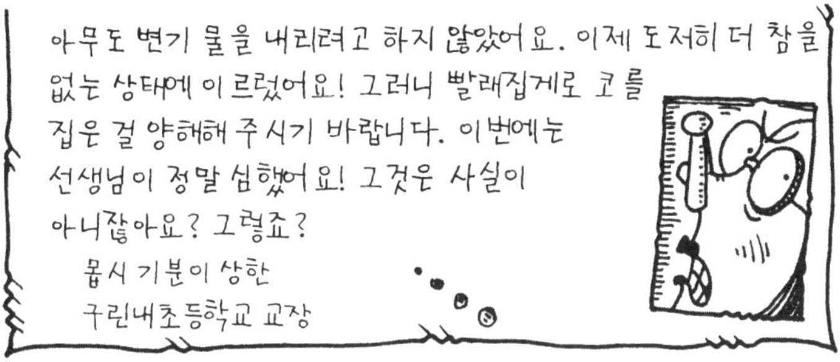
아무도 변기 물을 내리려고 하지 않았어요. 이제 도저히 더 참을
없는 상태에 이르렀어요! 그러니 빨래집게로 코를
집은 걸 양해해 주시기 바랍니다. 이번에는
선생님이 정말 심했어요! 그것은 사실이
아니잖아요? 그렇죠?
몹시 기분이 상한
구린내초등학교 교장

음, 그런데 교장 선생님, 제가 한 말은 사실이거든요…….

물론 물방울은 지름이 몇 마이크로미터 정도로 너무 작아 눈에 보이지 않는다. 그렇지만 구린내초등학교 교장 선생님을 위해 그것을 볼 수 있게 해 주는 실험을 소개하겠다. 그리고 이 변기에 물을 내리는 일을 맡기기 위해 겁을 모르는 돈조아 탐정을 불렀다.

그러니까 변기에 달린 손잡이를 당기기만 하면 된다 이거죠?
하고말고요! 그렇지만 몸이 줄어드는 건 아니겠죠?

물에다가 갈색 염료를 탔는데, 이 염료는 불을 끄면 어둠 속에서 빛을 낸다. 그런데 말하지 않은 게 한 가지 있다. 변기는 몇 달 동안 한 번도 청소를 한 적이 없기 때문에, 물속에서 갈색으로 빛나는 것이 과연 염료인지 확신할 수 없다. 우리는 어둠 속에서 날아다니는 미세한 물방울을 사진으로 찍기 위해 고속 카메라도 설치했다.

자, 이제 드디어 진실이 밝혀질 시간이 왔다.

위험한 변기 폭발 실험

돈조아 탐정이 변기에 물을 내리려 하고 있다.
이거야 뭐 식은 죽 먹기지.
위험! 물을 내리지 마시오!
물방울을 흠뻑 뒤집어쓴 돈조아 탐정
변기에서 누가 거대한 재채기를 한 것처럼 약 100억 개의 물방울이 빛을 내면서 구름을 이루어 솟아오르는 걸 볼 수 있다. 보통 조건에서는 이 물방울들은 너무 작아서 보이지 않는다. 여러분이 변기 물을 내릴 때 물방울이 보이지 않는 것은 이 때문이다.
돈조아 탐정은 반짝이는 물질로 뒤덮여 있다.
뭐 별다른 것은 들어 있지 않겠지!

전문가의 충고

실험실에서 분석한 결과에 따르면, 이 물방울들에는 세균과 바이러스, 똥, 오줌 등이 섞여 있는 것으로 드러났다. 돈조아 탐정이 이것을 읽지 말아야 할 텐데!

저자의 잔소리

아직도 겁이 나지 않는다고?

1. 변기 뚜껑을 덮은 채 물을 내리면 좀 도움이 된다고 한다. 그러나 방심은 금물! 어떤 종류의 변기는 그렇게 하면 뚜껑 밑에서 물이 더 세게 뿜어 나오기 때문에 물방울과 세균 구름을 더 강하게 솟구치게 한다.

2. 여러분이 직접 변기 물을 내려라. 뇌물을 써서 동생에게 시키거나 변기에 여러분만이 알고 있는 것을 남겨 두고 나오지 말도록! 그리고 겁먹을 것 없다! 여러분의 몸은 세균을 충분히 물리칠 수 있으니까!

★ 요건 몰랐을걸!

종이가 작은 섬유로 이루어져 있다고 한 것 기억나지? 느슨하게 얽혀 있는 화장지 섬유에는 군데군데 많은 구멍이 나 있다. 이 구멍들은 물을 잘 흡수하는데, 똥은 75%가 물이기 때문에 세균이 작은 물방울에 숨어 있다가 여러분의 손으로 쉽게 옮아 갈 수 있다. 1857년에 화장지가 처음 발명되었을 때에는 물이 통과하지 못하는 거친 종이로 만들었다. 문제는 가련한 엉덩이에 비비기에는 너무 거칠다는 점이었다. 그래서 부드러운 섬유로 만들어진 화장지가 나온 것이다.

그런데 다음 사실들은 절대로 식사 시간에 큰 소리로 읽지 않도록 주의하라!

변기에 대해 알고 싶었지만 차마 물어보지 못한 사실 여덟 가지

● 공공 화장실의 소변기(남자들이 서서 일을 보는 곳)는 종종 미세한 오줌 방울을 신발이나 바지로 되튀긴다.

● 공공 화장실에서 코를 콱 찌르는 얼얼한 냄새는 암모니아다. 이것은 오줌 속에 들어 있는 요소를 세균이 분해할 때 만들어 내는 부산물이다. 암모니아는 식물이 자라는 데 큰 도움을 주지만, 아기 피부에 묻으면 기저귀 발진이나 땀띠를 일으킨다.

● 로마 시대에는 오줌에서 얻은 암모니아로 양칫물과 치약을 만들었다. 양칫물로 입 좀 헹궈 볼래?

꺼어억!
오줌이 다 떨어져서 이번 것은 똥으로 만들었어!

● 미국의 일부 지방에서는 엉덩이에 세균이 묻는 걸 막기 위해 좌변기에 일회용 종이를 깔아 놓는다. 사실 좌변기에는 세균이 그다지 많지 않다. 큰 엉덩이를 가진 사람들이 앉을 때마다 압사해서 그런지도 모르지. 하하!

● 종이를 아끼는 데 관심이 많은지? 세상에서 가장 깨끗한 변기 중 하나는 일본에서 발명한 것인데, 물이 뿜어 나오면서 엉덩이를 씻은 다음 더운 공기로 말려 주기 때문에 화장지가 전혀 필요 없다. 심지어 엉덩이에서 향긋한 냄새가 나도록 방향제까지 뿌려 준다고 한다.

● 정말로 환경에 신경을 쓰는 사람이라면, 퇴비 화장실을 쓰는 게 어때? 여러 종류가 있는데, 네덜란드에서 발명된 한 변기는 올라앉아 있는 동안 몸을 앞뒤로 흔들 수 있다. 그러면 똥이 변기 안에 있는 흙과 잘 섞이게 된다. 몇 주일이 지

나면 세균이 똥을 분해해 아주 멋진 거름으로 만든다.

정원이 정말
아름답네.
늘 흙을 만지고
살아서
그런가 봐!
사실은 누런 걸 만져서 그런 건데!

- 방귀에서 나는 역겨운 냄새는 창자에 살고 있는 세균이 만든 물질 때문에 나는 것이다. 오, 이건 여러분도 알고 있다고? 그런데 방귀 때문에 죽은 사람이 있다는 사실은 알고 있는가? 사이먼 텁은 빅토리아 시대의 연예인이었다(음, 그런 일을 하는 사람도 연예인인가 하고 고개를 갸웃거릴 수도 있겠지만). 그가 맡은 역할은 '방귀 뀌는 대장장이'였는데, 음악에 맞춰 방귀를 뀌어야 했다. 그러던 어느 날, 텁이 너무 무리하게 '높게 그리고 낮게' 계속 소리를 내려고 애쓴 것이 화근이 되었다. 혈관이 터지는 바람에 죽고 만 것! 그러니까 방귀 때문에(음, 고상하게는 예술 때문이라고 해야겠지만) 목숨을 잃은 것이다.
- 1856년 어느 날 밤, 매튜 글래드먼은 고향인 영국 루이스에서 화장실에 들렀다. 불행하게도, 그 화장실은 아래 구덩이를 청소하기 위해 바닥을 뜯어 낸 상태였다. 불쌍한 글래드먼은 깊은 똥구덩이 속에 빠지고 말았다. 그리고 썩어 가는 똥을 먹고 사는 세균들이 뿜어 낸 메탄가스에 질식해 죽고 말았다.

첨벙!
오, 저런! 정말 큰 것을 눈 모양이군!

물론 지금은 그때에 비해 세상이 많이 변했다. 오늘날 학교 화장실은 아래에 똥구덩이가 있는 푸세식이 아니고(또 말썽부리는 어린이를 그 속으로 집어던지는 일도 없다), 대부분 수세식이며 하수 처리장으로 연결돼 있다. 큰 것을 처리하는 문제가 나왔으니 하는 말인데, 여기서도 작은 미생물이 아주 큰 역할을 담당하고 있다!

★ 요건 몰랐을걸!

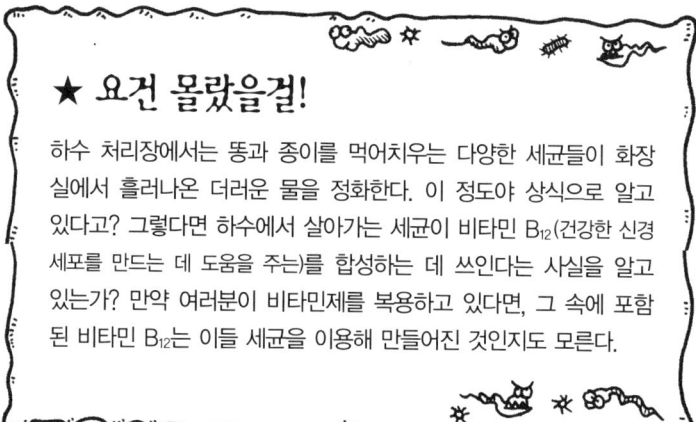

하수 처리장에서는 똥과 종이를 먹어치우는 다양한 세균들이 화장실에서 흘러나온 더러운 물을 정화한다. 이 정도야 상식으로 알고 있다고? 그렇다면 하수에서 살아가는 세균이 비타민 B_{12}(건강한 신경세포를 만드는 데 도움을 주는)를 합성하는 데 쓰인다는 사실을 알고 있는가? 만약 여러분이 비타민제를 복용하고 있다면, 그 속에 포함된 비타민 B_{12}는 이들 세균을 이용해 만들어진 것인지도 모른다.

사실, 이것은 과학자들이 미생물 세계에 대해 연구하면서 알아낸 많은 발견 중 하나에 불과하다. 그 밖의 발견에는 어떤 것들이 있으며, 그것들은 우리를 어디로 인도할까? 작은 것이 정말로 아름다운 것으로 드러날까, 아니면 우리에게 엄청난 재앙을 가져다줄까?

자, 이제 이것으로 이 장을 마무리하고, 다음 장으로 넘어가기로 하자.

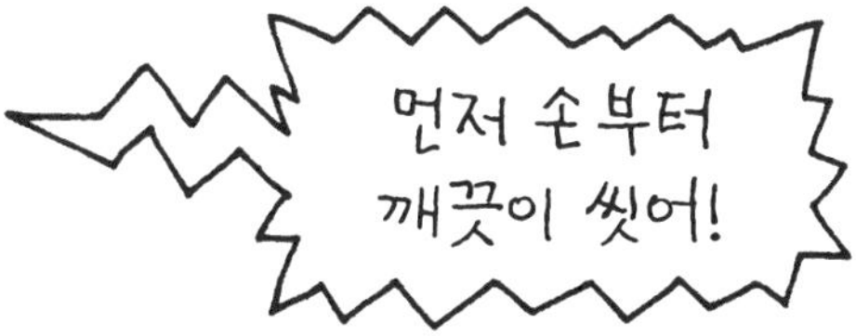
먼저 손부터
깨끗이 씻어!

끝맺는 말 : 아주 작고 작은 세계

어떤 사람들은 거대한 계획, 거대한 아이디어, 큰돈 등 항상 큰 것만 생각한다. 그런 사람 중에는 머리도 아주 큰 사람이 많다. 반면에 작은 것에 대해 골똘히 생각하는 사람들도 있는데, 그중에는 초미세 기술에 우리 미래에 대한 아주 작은 열쇠가 숨어 있다고 믿는 과학자들도 있다.

그들이 꿈꾸는 미래는 어떤 것일까? 그것을 알 수 있는 방법은 직접 미래로 시간 여행을 하는 것뿐이다. 여러분은 운이 참 좋다. 마침 사이비 교수가 타임머신을 발명했기 때문이다. 물론 시간 여행을 할 만큼 겁 없는 사람은 돈조아 탐정뿐이다.

흥! 이제 절대 안 해요!

오, 그렇군. 먼저 동물을 상대로 실험을 하는 게 필요하겠군. 그렇다면 야옹이를 살살 구슬려 실험에 참여하게 해 보자.

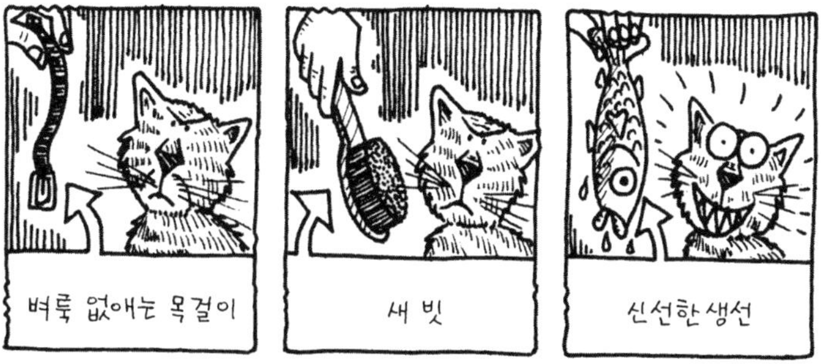
벼룩 없애는 목걸이
새 빗
신선한 생선

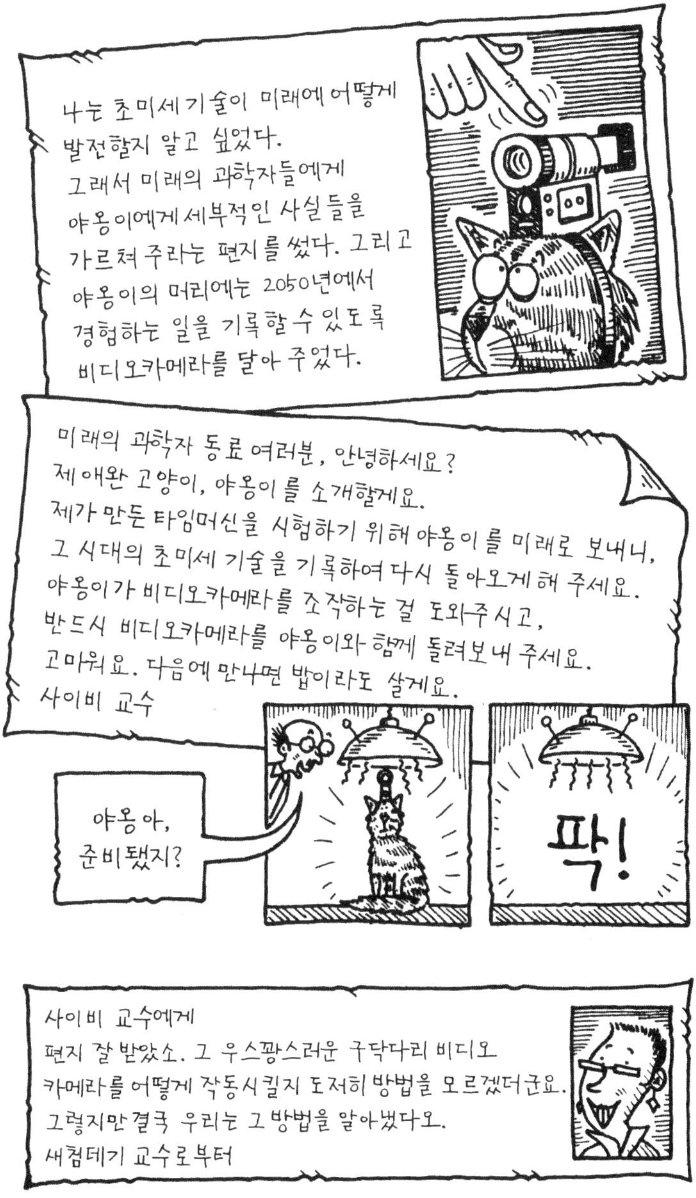
나는 초미세기술이 미래에 어떻게 발전할지 알고 싶었다.
그래서 미래의 과학자들에게 야옹이에게 세부적인 사실들을 가르쳐 주라는 편지를 썼다. 그리고 야옹이의 머리에는 2050년에서 경험하는 일을 기록할 수 있도록 비디오카메라를 달아 주었다.
미래의 과학자 동료 여러분, 안녕하세요?
제 애완 고양이, 야옹이를 소개할게요.
제가 만든 타임머신을 시험하기 위해 야옹이를 미래로 보내니,
그 시대의 초미세 기술을 기록하여 다시 돌아오게 해 주세요.
야옹이가 비디오카메라를 조작하는 걸 도와주시고,
반드시 비디오카메라를 야옹이와 함께 돌려보내 주세요.
고마워요. 다음에 만나면 밥이라도 살게요.
사이비 교수
야옹아, 준비됐지?
팍!
사이비 교수에게
편지 잘 받았소. 그 우스꽝스러운 구닥다리 비디오 카메라를 어떻게 작동시킬지 도저히 방법을 모르겠더군요.
그렇지만 결국 우리는 그 방법을 알아냈다오.
새첨테기 교수로부터

그러면 야옹이가 가지고 돌아온 비디오를 돌려 보자.

안녕하세요, 사이비 교수님? 2050년의 세상은 정말 놀라운 곳이에요! 초미세 기술 덕분에 우리는 식량 문제를 해결했답니다.
이제 모든 사람이 클로렐라를 먹고 있어요.
클로렐라는 다른 어떤 식량보다 훨씬 빨리 재배할 수 있어요.
맛은 시금치 맛이지만, 익숙해지면 먹을 만해요.

또 유전공학을 이용해 원하는 어떤것으로도 보이게 하고 맛이 나게할 수 있어요. 심지어 고양이 먹이로도요.
클로렐라 맛 고양이 먹이

전문가의 해설

유전공학자는 세균의 DNA에 다른 DNA 조각을 집어넣는다. 새로 결합된 DNA는 세균에게 유전공학자가 원하는 단백질을 만들라고 지시한다. 예컨대, 인간 성장 호르몬 같은 것을 만들어 내게 할 수 있다. 과거에는 성장 호르몬을 충분히 만들지 못하는 사람에게는 시체에서 채취한 물질을 주사하곤 했다. 자, 그럼 다시 미래로 돌아가 보자.

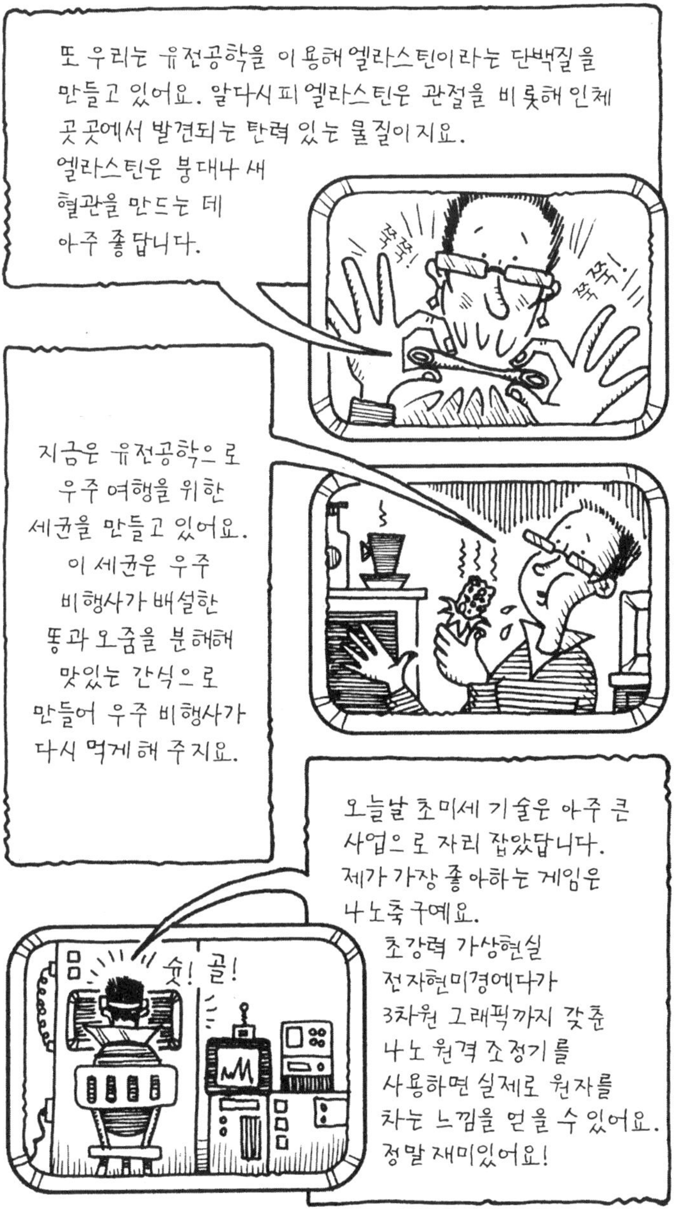
또 우리는 유전공학을 이용해 엘라스틴이라는 단백질을 만들고 있어요. 알다시피 엘라스틴은 관절을 비롯해 인체 곳곳에서 발견되는 탄력 있는 물질이지요. 엘라스틴은 붕대나 새 혈관을 만드는 데 아주 좋답니다.
쭉쭉!
쭉쭉!
지금은 유전공학으로 우주 여행을 위한 세균을 만들고 있어요. 이 세균은 우주 비행사가 배설한 똥과 오줌을 분해해 맛있는 간식으로 만들어 우주 비행사가 다시 먹게 해 주지요.
오늘날 초미세 기술은 아주 큰 사업으로 자리 잡았답니다. 제가 가장 좋아하는 게임은 나노축구예요. 초강력 가상현실 전자현미경에다가 3차원 그래픽까지 갖춘 나노 원격 조정기를 사용하면 실제로 원자를 차는 느낌을 얻을 수 있어요. 정말 재미있어요!
슛! 골!

그렇지만 이 나노 원격 조정기는 단순한 오락기가 아니랍니다. 우리는 아주 작은 나노 기계를 만들 때마다 이것을 사용하거든요. 전 외출할 때 손톱에 내장해 놓은 컴퓨터를 사용해요. 전 이것 없이는 어디도 가지 않죠. 이것 덕분에 손톱 깨무는 버릇도 없어졌어요.
제 옷 속에는 제가 원할 때마다 옷 색깔을 바꾸어 주는 나노 기계가 들어 있어요.
보세요!
독자 여러분에게 사과드린다. 색깔은 상상하기 바란다!
또 제 몸 속에는 지금 병균들을 죽이고 있는 나노 기계들이 들어 있어요. 그건 그렇고, 당신 고양이는 미생물로 만든 고양이 먹이를 좋아하지 않는군요. 고양이 돌려보낼게요. 그럼 안녕!

한마디도 믿어지지 않는다고?

음, 그렇지만 이 이야기는 순전히 사실에 근거해 쓴 것이다. 왜냐하면, 이미 그러한 미래가 다가오고 있기 때문이다!

1. 과학자들은 이미 클로렐라를 미래의 유망한 식량 자원으로 생각하고 있다.

2. 바이오테크놀로지는 1980년대와 1990년대에 개발되었다. 1996년, 과학자들은 엘라스틴 비슷한 물질을 만들어 내는 세균을 만드는 데 성공했다.

3. 유전공학을 이용해 인간의 배설물을 식품으로 재활용하는 세균을 만드는 게 가능하다.

4. 나노 원격 조정기는 실제로 존재한다! 1990년대 후반에 미국의 대학 실험실에서 개발되었다.

5. 나노 기계는…… 유감스럽게도 아직 존재하지 않는다! 그렇지만 이미 작은 진전이 일어나고 있다. 이미 등장한 몇 가지 초소형 기계를 몇 가지 소개하면 다음과 같은 것들이 있다.

초소형
신제품

세계에서 가장 작은 가게를
방문하신 것을 환영합니다.
이 가게는 골무만 한 크기랍니다.
아이들이 매우 좋아할 겁니다
(찾을 수만 있다면)!

크리스마스 선물로 아주 작은 물건을 원하시나요?

벼룩도 못 타겠네!

동력으로 추진되는 세계에서 가장 작은 장난감 차는 1997년에 일본의 도요타 사에서 만들었습니다. 차의 길이가 5mm밖에 되지 않기 때문에 주차 걱정은 전혀 없습니다! 하루에 1.6km를 달릴 수 있습니다.

주의 사항 : 전지와 전선이 필요합니다.

시계가 거추장스러운가요?

세상에서 가장 작은 시계를 사용해 보세요. 톱니바퀴 두께가 머리카락보다 가늘답니다!

깨알 같은 주의 사항 : 이 시계는 초만 잴 수 있습니다. 하기야 분침과 시침이 있다 하더라도, 보이지도 않을 테지만 말입니다.

몇 시야?
음, 그러니까… 아무리 봐도 보이지가 않네!

윽! 포기할래!
띵!

아주 작은 음악을 원하시나요?

1996년에 코넬 대학에서 만든 이 기타를 사용해 보세요! 규소 원자로 만든 이 기타는 사람의 세포만 한 크기랍니다. 여러분의 콘서트에 누가 올지는 알 수 없지만…….

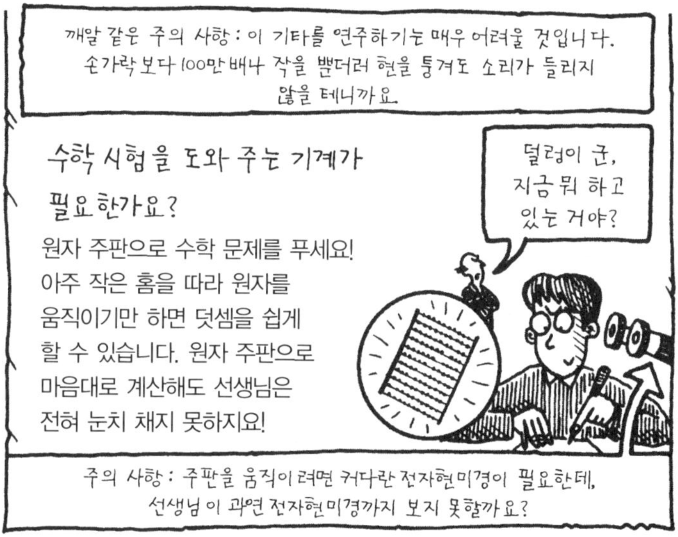
깨알 같은 주의 사항 : 이 기타를 연주하기는 매우 어려울 것입니다. 손가락보다 100만 배나 작을 뿐더러 현을 튕겨도 소리가 들리지 않을 테니까요.
수학 시험을 도와 주는 기계가 필요한가요?
원자 주판으로 수학 문제를 푸세요! 아주 작은 홈을 따라 원자를 움직이기만 하면 덧셈을 쉽게 할 수 있습니다. 원자 주판으로 마음대로 계산해도 선생님은 전혀 눈치 채지 못하지요!
덜렁이 군, 지금 뭐 하고 있는 거야?
주의 사항 : 주판을 움직이려면 커다란 전자현미경이 필요한데, 선생님이 과연 전자현미경까지 보지 못할까요?

물론 이 발명품들은 조금 더 개선이 필요하다. 그렇다면 미래는 정말로 많은 가능성이 열려 있는데, 과학자들이 그 가능성을 아직 제대로 발견하지 못한 것일까? 어쨌든 미래는 깜짝 놀랄 만한 것들을 가지고 찾아올 것이다. 그래도 여러분은 최소한 한 가지만큼은 확신할 수 있다. 이 책은 아주 작은 세계, 그러니까 현미경으로 들여다보아야만 볼 수 있는 세계를 다루었다. 그렇지만 일단 현미경을 통해 이 기묘한 세계를 들여다본 여러분에게는 매일 보는 바깥 세계가 이전과는 사뭇 다른 모습으로 보일 것이다.

이것이야말로 〈앗, 이렇게 재미있는 과학이!〉 시리즈가 여러분에게 주는 가장 큰 선물이다.

끝

앗, 시리즈(전 70권)

수많은 교사와 학생들이 한눈에 반한 책.

전 세계 2천만 독자의 인기를 독차지한 〈앗, 시리즈〉는 수학에서부터 과학, 사회, 역사까지, 공부와 재미를 둘 다 잡은 똑똑한 학습교양서입니다.

수학

01 수학이 모두 모여 수군수군
02 수학이 수리수리 마술이
03 수학이 수군수군
04 수학이 또 수군수군
05 수학이 자꾸 수군수군 1. 셈
06 수학이 자꾸 수군수군 2. 분수
07 수학이 자꾸 수군수군 3. 확률
08 수학이 자꾸 수군수군 4. 측정
09 대수와 방정맞은 방정식
10 도형이 도리도리
11 섬뜩섬뜩 삼각법
12 이상야릇 수의 세계
13 수학 공식이 꼬물꼬물
14 수학이 꿈틀꿈틀

과학

15 물리가 물렁물렁
16 화학이 화끈화끈
17 우주가 우왕좌왕
18 구석구석 인체 탐험
19 식물이 시끌시끌
20 벌레가 벌렁벌렁
21 동물이 뒹굴뒹굴
22 화산이 왈칵왈칵
23 소리가 슥삭슥삭
24 진화가 진짜진짜
25 꼬르륵 뱃속여행
26 두뇌가 뒤죽박죽
27 번들번들 빛나리
28 전기가 찌릿찌릿
29 과학자는 괴로워?
30 공룡이 용용 죽겠지
31 질병이 지끈지끈
32 지진이 우르쾅쾅
33 오싹오싹 무서운 독
34 에너지가 불끈불끈
35 태양계가 티격태격
36 튼튼탄탄 내 몸 관리
37 똑딱똑딱 시간 여행
38 미생물이 미끌미끌
39 의학이 으악으악
40 노발대발 야생동물
41 뜨끈뜨끈 지구 온난화
42 생각번뜩 아인슈타인
43 과학 천재 아이작 뉴턴
44 소름 돋는 과학 퀴즈

사회 · 역사

45 바다가 바글바글
46 강물이 꾸물꾸물
47 폭풍이 푸하푸하
48 사막이 바싹바싹
49 높은 산이 아찔아찔
50 호수가 넘실넘실
51 오들오들 남극북극
52 우글우글 열대우림
53 올록볼록 올림픽
54 와글와글 월드컵
55 파고 파헤치는 고고학
56 이왕이면 이집트
57 그럴싸한 그리스
58 모든 길은 로마로
59 아슬아슬 아스텍
60 잉카가 이크이크
61 들썩들썩 석기 시대
62 어두컴컴 중세 시대
63 쿵쿵쾅쾅 제1차 세계 대전
64 쾅쾅탕탕 제2차 세계 대전
65 야심만만 알렉산더
66 위풍당당 엘리자베스 1세
67 위엄가득 빅토리아 여왕
68 비밀의 왕 투탕카멘
69 최강 여왕 클레오파트라
70 만능 천재 레오나르도 다 빈치

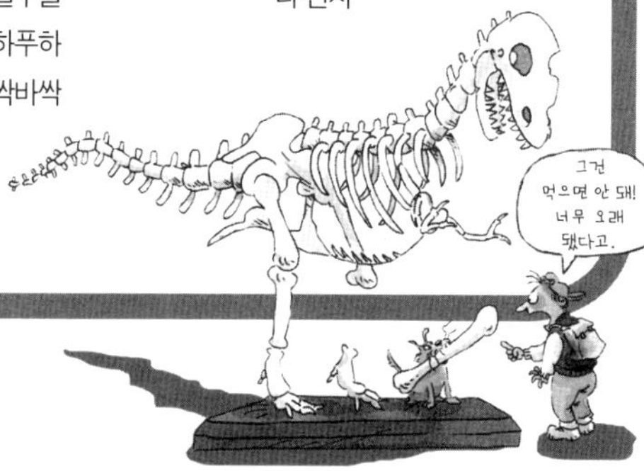
그건 먹으면 안 돼! 너무 오래 됐다고.

전 세계 2천만 독자가 함께 읽는 <앗, 시리즈>

난 클레오파트라의 영원한 친구!